零基础学会计

◎牛账网 主编

图书在版编目（CIP）数据

零基础学会计 / 牛账网主编. —北京：中国商业出版社，2022.4
ISBN 978-7-5208-2039-4

Ⅰ. ①零…　Ⅱ. ①牛…　Ⅲ. ①会计学　Ⅳ. ①F230

中国版本图书馆CIP数据核字（2022）第051774号

责任编辑：滕　耘

中国商业出版社出版发行
（www.zgsycb.com　100053　北京广安门内报国寺1号）
总编室：010-63180647　编辑室：010-83118925
发行部：010-83120835/8286
新华书店经销
天津中印联印务有限公司印刷
*
787毫米 × 1092毫米　16开　14.5印张　300千字
2022年4月第1版　2022年4月第1次印刷
定价：69.00元
* * * *
（如有印装质量问题可更换）

前言

伟大的马克思曾经说过："经济越发展，会计越重要。"作为现代商业社会的基础，没有会计学的底层支持，根本不可能有序地从事任何商业活动，所以对现代人来说，会计知识不可或缺。

在绝大多数读者的心中，提到会计这门学科一定会把它和枯燥、无趣联系在一起，每每想学习会计知识时，都会因晦涩、艰深的会计理论而退缩。正因为如此，有一本快速入门、通俗易懂的零基础会计读物至关重要。

本书不致力于会计理论研究，也不是读者遇到会计问题时的"新华字典"，而是一本旨在帮助读者快速理解会计的零基础入门书籍。通过学习本书，读者至少可以有以下几个方面的收获：

1. 打破对会计的刻板印象，重新认识会计；

2. 了解会计是什么，清楚会计具体需要做哪些工作；

3. 做一名合格的会计，需要储备哪些知识；

4. 为日后入行考取职称证书打下知识基础。

本书共分为 10 个章节，从知识层次上可以分为两大部分：第一章和第二章归为第一部分，主要为读者介绍会计作为一门学科所需要的基础理论知识，包括会计的概念、会计基本假设、会计信息质量要求、会计要素和会计等式等内容，理解了这些内容，便可以掌握会计这门学科的底层逻辑；第三章至第十章可以归为第二部分，主要为读者介绍会计在发展过程中形成的一些规则和方法，包括账户设置、复式记账、账簿登记和财务报表编制，等等。

希望这本书能给读者带来不一样的会计学习之旅，为读者打造一个良好的开始。

编者

2022 年 3 月 31 日

目录

CONTENTS

CHAPTER 1

第一章
和会计做个朋友

本章从会计的起源谈起，首先介绍会计是如何产生并一步步发展到今天的，接着介绍会计的概念、目标、职能和方法，以及会计基本假设、会计基础和会计信息质量要求等基础知识。这些知识在初次接触时可能会让人感觉有一些抽象，但它贯穿会计工作的始终，读者务必做好心理准备。本章是学习会计的基础，以理解理论知识为主。

第一节　会计的前世今生

一、会计的产生

会计究竟在哪一刻诞生，诞生于何处？这是一个没人知道的答案。但是，会计作为一种经济管理活动，它的发展一定伴随着社会经济的发展。

原始社会的“绘图记事”“结绳记事”“刻石记事”等方法，可以视为会计的萌芽，它正好适合于当时生产力水平十分低下的情况；它是生产职能的一个附带部分，是同其他计算活动混合在一起的，在生产时间之外附带地进行，并没有专职人员来从事。

后来，随着生产技术的发展，人们付出的劳动以及收获的劳动成果不断增多，种类也更加复杂，会计逐渐“从生产职能中分离出来，成为特殊的、专门委托的当事人的独立的职能”。根据马克思的记载，在原始的小规模的印度公社就已经有了记账员，登记和记录与农业项目有关的一切事项。

二、会计的发展

（一）会计发展的三个阶段

随着社会生产力的不断发展，经济活动变得越来越复杂。为了应对日益复杂的经济活动，会计经历了一个由简单到复杂、由低级到高级的漫长发展过程，它的发展过程主要有以下三个阶段。

1. 古代会计

在我们伟大的中华民族发展历史上，远在奴隶社会的西周时期，就设立了专司朝廷钱粮收支的官吏——“司会”，从事“月计”“岁会”等工作，即把每月零星计算称为“计”，把年终总合计算称为“会”，合称“会计”；在封建社会的宋朝初期，出现了“四柱清册”，反映钱粮的“旧管”“新收”“开除”“实在”，这相当于现代会计学里的“期初结存”“本期增加”“本期减少”“期末结存”；到了明朝时期，随着商品经济的发展，开始用货币计量各种收入和支出；在清朝时期，又出现了“龙门账”，将账目划分为进、缴、存、该，年终通过进与缴对比、存与该对比确定盈亏，称为“合龙门”。在西方，古代会计的产生和发展也经历了漫长的过程，值得一提的是，在13世纪意大利的银行账簿中，已经分别以“借主”“贷主”来登记债权和债务，这为后来的重要会计理论——借贷记账法奠定了基础。

2. 近代会计

近代会计是从运用复式簿记开始的。对复式记账法的认识和研究促使会计由古代阶段迈向近代阶段。近代会计同商品经济的发展有着不可分割的联系。相比于古代会计，近代会计有两个明显的特点：第一，会计开始在一些国家应用货币形式，作为计量、记录与报告的手段；第二，会计开始采用复式记账法的原理来进行记录，逐渐形成了一个严密的账户体系。

3. 现代会计

现代会计是指20世纪50年代以后，当代资本主义会计的新制度。它有两大分支。一方面，在股份公司这一经济组织上，基于所有权与经营管理权相分离的特点，为了防止所有者的合法权益被侵害，实践中逐渐形成了以对外提供信息为主，接受“公认会计原则”约束的会计，即财务会计。另一方面，为了应对变化多样的市场环境，管理层对会计信息提出了另一个维度的要求，希望可以建立科学的管理体制，增强企业自身的适应能力和灵活性。于此，管理会计逐渐从传统会计中分离出来，形成了一个相对独立的领域，即管理会计。现代管理会计的出现，是近代会计发展为现代会计的重要标志。

纵观会计的发展史不难看出，会计的产生与发展和社会经济的发展密不可分。我们不知道未来会计会发展成什么样，但有一点可以确定：只要社会经济活动发展到了一个新的阶段，企业生产和管理进入了一个新的阶段，会计就一定会为了应对这些变化而产生新的发展，这也是我们常说的“会计活到老，学到老”，而这正是会计人的核心竞争力所在，我们应一直走在研究社会经济活动的最前沿，一直保持进步。

（二）科技飞速发展对会计学科的影响

随着大数据、5G、云计算、人工智能等技术的快速发展，人类很多传统行为都将会被取而代之，会计也不会幸免。但是科技的进步究竟会怎样影响会计，这是一个需要等待时间验证的问题，读者可以保持关注。在此之所以谈到这个话题，是想告诉读者，科技发展对会计学科的影响虽然不是一夜之间产生的，但它真的发生了，我们必须积极地去了解这方面的变化，做好相关的准备，这样才能保证自己与时俱进，永立潮头。

第二节　未来大财务

你知道为什么有些直播带货的商品相对便宜吗？你知道人人都要缴纳的税是什么税吗？编者来一一告诉你。

直播带货的商品之所以相对便宜，是因为在这一模式下商品直接从生产者手中移送到了消费者手里，而一般商品的正常流转环节是：生产者→批发商→零售商→消费者。直播带货跳过了中间的批发商和零售商，压缩了批发商和零售商的利润空间以及这两个环节所产生的增值税，价格自然会比正常售价低一些，所谓工厂直销也是这个道理。

随着市场经济的快速发展，会计知识已不再是会计人的专属，它应该是每一位生活在现代商业社会里的人所应具备的经济常识。会计是一门商业语言，如果你掌握了这门语言，就可以更好地读懂这个商业社会，会更加理性地看待这个世界。例如，会计理论部分有一个概念叫实质重于形式原则，它的大致意思是会计人员在进行账务处理时，相比于事件的法律形式，更应该重视业务的经济实质。如果你理解了这个理论并能把它运用到生活里，那么你在交朋友时就会知道内在实质应重于外在形式，在买东西时就会知道实用性应重于外在的美观度。有了这样的选择观，消费主义的“镰刀”是无论如何都割不到你的。

所以，无论你从事什么职业，编者都建议你学习一些会计知识，不必深究复杂、难懂的概念和理论，仅仅把那些基础知识理解清楚，对你未来的工作和生活就都会有很大帮助。

第三节　会计的概念与目标

一、会计的概念与特征

（一）会计的概念

“小贾，你是做什么的？”“阿姨，我是干会计的。”“哦哦，会计我知道，就是做账的，对吧？”这样的场景对话会计工作者应该都不陌生，但每当听到别人的这个回答，都会想冲上去大声地纠正对方的观点。那么接下来我们就来介绍一下会计的概念。

会计是以货币为主要计量单位，运用专门的方法，核算和监督一个单位经济活动的一种经济管理工作。单位是国家机关、社会团体、企业、事业单位和其他组织的统称。

（二）会计的基本特征

会计的基本特征主要表现为以下五个方面。

(1) 会计是一种经济管理活动。

(2) 会计是一个经济信息系统。

(3) 会计以货币作为主要计量单位。

(4) 会计具有核算和监督的基本职能。

(5) 会计采用一系列专门的方法。

二、会计的对象与目标

（一）会计的对象

会计的对象是指会计核算和监督的内容，具体是指社会再生产过程中能以货币表现的经济活动，即资金运动或价值运动。凡是特定主体能够以货币表现的经济活动，都是会计核算和监督的内容，即会计对象。

一家互联网公司与一家食品公司，它们的资金运动会一样吗？它们又会与一家公办学校的资金运动一样吗？当然不会，因为各个企业的性质不同，经济活动的内容不同，它们的资金运动便不一样。图 1-3-1 以工业企业（制造业企业）为例，说明资金运动的三个过程：资金投入、资金运用和资金退出。

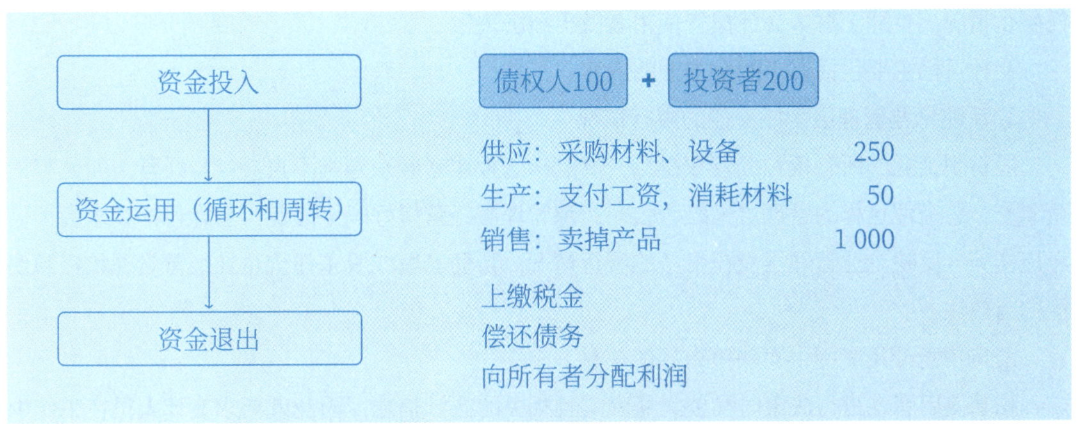

图1-3-1　工业企业资金运动示意

1. 资金投入

为了圆自己的老板梦，小东和表弟商量注册一家公司。可注册公司需要一笔钱，这可怎么办？学会计的表妹告诉他们资金包括企业所有者（老板）投入的资金和向债权人借入的资金两部分，前者会形成企业的所有者权益，后者会形成企业的债权人权益，即企业的负债。于是小东的小姨，就是表弟的妈妈投资了一些钱，他们又向银行借了一些钱。

2. 资金运用

他们的公司现在除了钱之外什么都没有，正当他们犯难的时候，学会计的表妹又告诉他们要想最大化地利用这笔钱，让它们生出更多的钱来，就需要买地、盖厂房、买设备、准备生产所需要的原材料，接着招聘工人……总之，他们需要开一家工厂，并为生产做好一切准备工作。

（1）供应过程。供应过程就是生产的准备过程，即买地、盖厂房、买设备、准备生产所需要的原材料等。

（2）生产过程。招聘来的工人将原材料等劳动对象加工成产品，支付职工工资、消耗原材料就属于资金运用中的生产过程。

(3) 销售过程。赚钱是企业的根本目的，只有把生产出来的商品卖掉，企业才有赚钱的机会。

3. 资金退出

资金退出的过程包括上缴税金、偿还债务、向所有者分配利润等。因为这些资金会真实地流出企业，不能再参与企业下一轮的生产经营，所以将其称为“退出”。

（二）会计目标

会计目标也称会计目的，是要求会计工作应完成的任务或达到的标准，即向财务会计报告使用者提供与企业财务状况、经营成果和现金流量等有关的会计信息，反映企业管理层受托责任履行情况，有助于财务会计报告使用者做出经济决策。

会计目标主要包括以下两个方面的内容。

1. 反映企业管理层受托责任的履行情况

股份制企业的所有权和经营权是相分离的，老板或者股东通常不直接参与经营，而是聘请董事长、总经理这样的管理层来经营公司。那管理层经营得好吗？因此，会计目标要求会计信息应能充分反映企业管理层受托责任的履行情况，帮助老板或股东评价企业经营管理和资源使用的有效性。

2. 向信息使用者提供对决策有用的信息

信息使用者在进行决策时需要大量真实且相关的会计信息，因此就要求会计人员在工作中应以提供对决策有用的会计信息为目标。

第四节　会计的职能与方法

一、会计的职能

会计的职能是指会计在经济管理过程中所具有的功能。就比如衣物的功能是让人保温和装饰，那会计的功能呢？如图 1-4-1 所示。

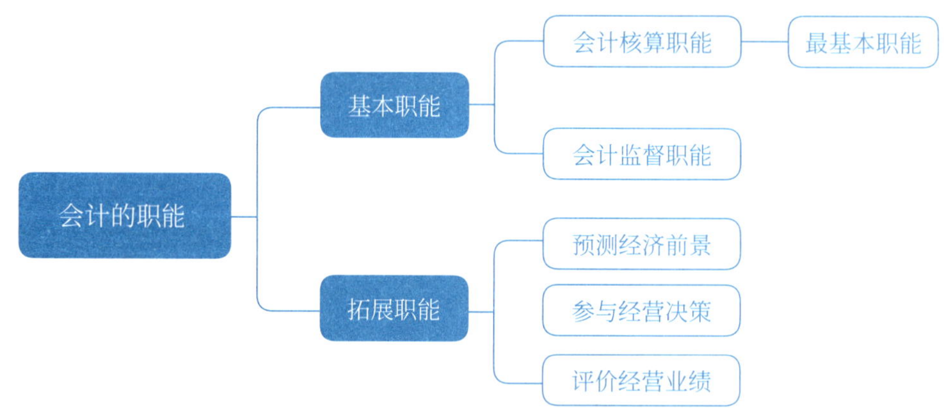

图1-4-1　会计职能的分类

（一）基本职能

1. 会计核算职能

会计核算职能又称会计反映职能，是指会计以货币为主要计量单位，对特定主体的经济活动进行确认、计量和报告。

会计确认解决的是定性问题，以判断发生的经济活动是否属于会计核算的内容、归属于哪一个“派别”；会计计量是指在会计确认的基础上确定具体金额，解决的是定量问题；会计报告是确认和计量的结果，即通过报告，将确认、计量的结果进行归纳和整理，以财务报告的形式提供给信息使用者。举个例子来理解，某包子铺今天做了 10 个包子，首先，将其确认为资产中的存货，这是定性；其次，10 个包子一共花费成本 100 元，这是定量；最后，把确认和计量的信息通过财务报表反映给会计信息使用者，这是报告。

会计的核算内容主要包括以下几部分。

（1）款项和有价证券的收付。

（2）财物的收发、增减和使用。

（3）债权、债务的发生和结算。

（4）资本、基金的增减。

（5）收入、支出、费用、成本的计算。

（6）财务成果的计算和处理。

（7）需要办理会计手续、进行会计核算的其他事项。

会计核算职能是会计的首要职能，具有以下三个方面的特点。

（1）会计核算主要是利用货币为计量单位对经济活动的数量进行核算。

（2）会计核算具有完整性、连续性和系统性。

（3）会计核算不仅记录已发生的经济业务，还要面向未来，为各单位的经营决策和管理控制提供依据。

2. 会计监督职能

会计监督职能又称会计控制职能，是指对特定主体经济活动和相关会计核算的真实性、合法性和合理性进行监督检查，它是对全过程的监督。

真实性：特定主体的经济活动和相关会计核算是否根据实际发生的经济业务事项进行。

合法性：特定主体的经济活动和相关会计核算是否符合国家的有关法律法规，遵守财经纪律，执行国家各项方针政策，杜绝违法乱纪。

合理性：特定主体的经济活动和相关会计核算是否违背内部控制制度、财务收支计划、预算目标等。

对单位经济活动全过程的会计监督分为事前监督、事中监督和事后监督。事前会计监督是指对未来经济活动的合法性、合理性和可行性进行审查；事中会计监督是指对正在发生的经济活动过程和取得的会计核算资料进行审查、分析，并据以纠错纠偏，控制经济活动按预定的目的和要求进行；事后会计监督是指对已经发生的经济活动的合法性、合理性和效益性进行考核和评价。

3. 会计核算职能与会计监督职能的关系

会计核算与会计监督是相辅相成、辩证统一的。会计核算是会计监督的基础，没有核算提供的各种信息，监督就失去了依据；会计监督又是会计核算质量的保障，只有核算而没有监督，就难以保证核算所提供的信息的质量。

（二）拓展职能

除了基本职能外，会计还具有预测经济前景、参与经营决策、评价经营业绩等职能。

1. 预测经济前景

会计预测是根据已有的会计信息和相关资料，对生产经营过程及其发展趋势进行定量或者定性的判断、预测和估计。

2. 参与经营决策

会计决策是指会计按照所提供的预测信息和既定目标，在多个备选方案中，帮助会计主管人员选择最佳方案的过程，为企业生产经营管理提供与决策有关的信息。

3. 评价经营业绩

会计评价是以会计核算资料为基础，结合其他相关资料，运用专门的方法，对经济活动的过程和结果进行分析，做出公正、真实、客观的综合评判。

二、会计核算的方法

会计核算的方法是指对会计对象进行连续、系统、全面、综合的确认、计量和报告所采用的各种方法。

（一）会计核算方法体系

如何把鲜活真实的经济业务转化成会计信息？这个过程需要会计人员采用一系列的方法，这也是会计人员手中的“武器”。

会计核算方法体系由填制和审核会计凭证、设置会计科目和账户、复式记账、登记会计账簿、成本计算、财产清查、编制财务会计报告等专门方法构成。它们相互联系、紧密结合，确保会计工作有序进行。

（二）会计循环

会计循环是指按照一定的步骤反复运行的会计程序。从会计的工作流程来看，会计循环由确认、计量和报告等环节组成；从会计核算的具体内容来看，会计循环由填制和审核会计凭证、设置会计科目和账户、复式记账、登记会计账簿、成本计算、财产清查、编制财务会计报告等组成。这些会计程序以一个会计期间的期初为起点，以其期末为终点，并且各个会计期间循环往复，周而复始，在企业持续经营的情况下不会停止，故称为会计循环。

第五节　会计基本假设与会计基础

一、会计基本假设

很多活动和研究的开展都是需要假设前提的，会计也是如此。作为一门学科，会计假设就是研究和开展这门学科的前提，如果没有这个前提，会计的一些理论是不成立的。

随着现代商业的发展，企业的经济活动越来越复杂，会计人员在工作时会遇到很多的不确定因素，这些因素会影响会计人员做出正确的职业判断，所以就需要对会计核算所处的时间、空间环境等做出一些合理假设。

会计基本假设是企业会计确认、计量和报告的前提，是对会计核算所处时间、空间环境等所做的合理假定。会计基本假设包括会计主体、持续经营、会计分期、货币计量。

（一）会计主体

会计主体是指会计确认、计量和报告的空间范围，即会计核算和监督的特定单位或组织。通俗一点理解，你给“谁”做会计，“谁”就是你的会计主体。比如，小美给包子铺做会计，那该包子铺就是会计主体。

在会计主体的假设下，企业应当对其本身发生的交易或事项进行会计确认、计量和报告，反映企业本身所从事的各项生产经营活动和其他相关活动。举个例子，甲公司赊销 100 万元货物给乙公司，作为甲公司的会计人员，就应该确认应收账款 100 万元；作为乙公司的会计人员，就应该确认应付账款 100 万元。

读者还需要注意的是：会计主体与法律主体（法人）并非是对等的概念。一般来说，法律主体必然是一个会计主体，但会计主体不一定是法律主体。比如，企业集团、企业独立核算的车间均是会计主体而非法律主体。

（二）持续经营

持续经营是指在可以预见的将来，企业将会按当前的规模和状态继续经营下去，不会停业，也不会大规模削减业务。

持续经营把“假设”这个词体现得淋漓尽致。因为我们都知道任何一家企业都会有不能持续经营的风险，那为什么要有这个假设呢？举个例子，某公司新买了一辆车，在持续经营假设下，公司会对这辆车按照固定资产入账，后期按照计提折旧的方式来减损它的价值。如果没有这个假设，那这家企业还能存活多少天都不知道呢，不管了，先开着它兜一圈吧，还入什么账呀，公司说不准明天就解散了。大家看，这是不是乱套了？

会计核算上所使用的一系列会计处理原则、会计处理方法都是建立在会计主体持续经营的前提下。企业是否持续经营，在会计处理原则、会计处理方法的选择上有很大差别。明确持续经营这个基本假设，就意味着会计主体将按照既定用途使用资产，按照既定的合约条件清偿债务，会计人员在此基础上选择会计处理原则和会计处理方法。

读者还需注意的是：持续经营只是一个假定，一个企业在不能持续经营时应当停止使用根据该假设所选择的会计确认、计量和报告原则与方法，一旦进入清算，就应当改按清算会计处理。

（三）会计分期

会计分期是指将一个企业持续经营的经济活动（人为地）划分为一个个连续的、长短相同的期间，以便分期结算账目和编制财务会计报告。

前文介绍了持续经营假设，一个企业将会按当前的规模和状态继续经营下去。那是不是要等到 1 000 年后再进行会计核算？显然是不行的，这就需要人为地对其进行划分。

根据《企业会计准则》的规定，会计期间分为年度和中期。年度指的是 1 月 1 日到 12 月 31 日的一个完整的公历年度。中期是指短于一个完整会计年度的报告期间，又可以细分为半年度、季度、月度。

需要提醒读者注意的是：持续经营和会计分期界定了会计信息的时间段落；由于会计分期，才产生了当期与以前期间、以后期间的差别，才使不同类型的会计主体有了记账的基准，进而出现了折旧、摊销等会计处理方法。

（四）货币计量

货币计量是指会计主体在会计确认、计量和报告时以货币作为计量尺度，反映会计主体的经济活动。

在会计确认、计量和报告过程中之所以选择以货币为基础进行计量，是由货币的本身属性决定的。货币是商品的一般等价物，是一般商品价值的共同尺度，具有价值尺度、流通手段等特点。其他计量单位，如重量、长度、容积等，只能从某一侧面反映企业的生产经营情况，无法在量上进行汇总和比较，不便于会计计量和经营管理。举个例子来理解，比如企业新买了一辆汽车和一栋办公楼，那能不能这样记账：汽车一辆，办公楼一栋？答案显然是不行的。现实中，企业的物品非常多，这样记账只会更加混乱，而且无法进行汇总和报告，是根本行不通的。所以会计准则规定了会计在确认、计量和报告时应选择货币作为计量单位。

我国的会计核算应以人民币为记账本位币。业务收支以外币为主的企业，也可以选择某种外币作为记账本位币，但编制的财务会计报告应当折算为人民币反映；在境外设立的中国企业向国内报送的财务会计报告，也应当折算为人民币。

二、会计基础

前文介绍了会计基本假设，将企业持续经营的经济活动划分成了一个个会计期间。在此基础上一起来思考一个问题：企业 10 月有一笔销售款 100 万元，当月收到 70 万元，11 月会收到剩下的 30 万元，那么是将这 100 万元全部记入 10 月还是其他期间？企业 4 月的房租费用，3 月支付 10 万元，4 月支付 5 万元，又应该确认为哪个月的租金费用？

会计基础，就是为解决上述问题而设计的。会计基础主要有两种——权责发生制和收付实现制。

（一）权责发生制

权责发生制也称应计制或应收应付制，是指收入、费用的确认应当以收入和费用的实际发生作为确认的标准，合理确认当期损益的一种会计基础。在权责发生制下，凡属于本期已经实现的收入和已经发生或应当负担的费用，无论款项是否收付，均应作为当期的收入与费用；凡是不属于本期的收入和费用，即使款项已经收付，也不应作为当期的收入与费用。

权责发生制最大的优点是能够更加准确地反映特定会计期间真实的财务状况及经营成果。在会计实务工作中，企业交易或者事项的发生时间与相关货币收支的时间有时并不完全一致。例如，以赊销方式出售商品，虽然款项在本期并未收到，但实际的经济业务在本期已经发生，为了更加真实、公允地反映特定会计期间的财务状况和经营成果，就应该将赊销额确认为本期的收入。

【例题】10 月的销售款，在当月收到 70 万元，在 11 月会收到剩下的 30 万元。

收入的归属期按照收款的权力来确定，不管款项是否收到。

因此，10 月的销售款，不管是在 10 月收到还是在 11 月收到，都是在 10 月确认为收入。

【例题】4 月的房租，在 3 月支付 10 万元，在 4 月支付 5 万元。

费用的归属期按照付款的责任来确定，不管款项是否支付。

因此，4 月的房租，不管是在 3 月支付还是在 4 月支付，都是在 4 月确认为费用。

（二）收付实现制

收付实现制也称现金制，是以收到或支付现金作为确认收入和费用的标准，是与权责发生制相对应的一种会计基础。在收付实现制下，凡是在本期实际收到现金（或银行存款）的收入，不论款项是否属于本期，均作为本期收入处理；凡是在本期实际以现金（或银行存款）付出的费用，不论其应否在本期收入中取得补偿，均作为本期费用处理。

【例题】10 月的销售款，在当月收到 70 万元，在 11 月会收到剩下的 30 万元。

10 月的销售款，如果是在 10 月收到，那么在 10 月确认收入。

10 月的销售款，如果是在 11 月收到，那么在 11 月确认收入。

【例题】4 月的房租，在 3 月支付 10 万元，在 4 月支付 5 万元。

4 月的房租，如果在 4 月支付，那么在 4 月确认为费用。

4 月的房租，如果在 3 月支付，那么在 3 月确认为费用。

（三）各自的适用范围

在我国，企业会计核算采用权责发生制；政府会计由财务会计和预算会计构成，财务会计采用权责发生制，预算会计采用收付实现制。

【例题】甲企业某年 1 月发生如表 1-5-1 所示经济业务。表中对权责发生制和收付实现制下的处理方式进行了对比。

表1-5-1　权责任发生制和收付实现制下的经济业务处理　　单位：元

	事项	权责发生制		收付实现制	
		收入	费用	收入	费用
1	本月预收下半年材料款 10 000 元			10 000	
2	本月预付全年的房租 4 800 元		400		4 800
3	本月销售商品 5 000 元，实际收到价款 2 000 元，剩余 3 000 元下月收到	5 000		2 000	
4	本月买入办公电脑 8 000 元，款项尚未支付		8 000		

第六节　会计信息使用者及其质量要求

一、会计信息使用者

你有关注过一家企业的会计信息吗？如果有，那你就是这里所说的会计信息使用者。你觉得还有谁会关注企业的会计信息？一般而言，会计信息使用者包括企业管理者、投资者和潜在投资者、债权人、政府及其相关部门和社会公众等，具体如表 1-6-1 所示。

表1-6-1　会计信息使用者

外部使用者	内部使用者
投资者和潜在投资者 债权人 政府及其相关部门 社会公众	企业管理者

投资者和潜在投资者通过会计信息去窥探企业经营情况的蛛丝马迹，以此来评估投资风险和相关回报；债权人主要借助会计信息来了解企业的偿债能力，从而决定是否对其借款；政府及其相关部门需要会计信息来监管企业的有关活动，获取对宏观经济管理有用的信息，比如制定税收政策等；社会公众关注会计信息的动机各有不同，但多与自身利益相关；企业管理者主要借助会计信息来管理企业，制定企业发展战略等。

二、会计信息的质量要求

会计信息的质量要求是对企业财务会计报告中所提供的高质量会计信息的基本规范，是使财务会计报告中所提供会计信息对信息使用者决策有用所应具备的基本特征。主要包括可靠性、相关性、可理解性、可比性、实质重于形式、重要性、谨慎性、及时性。

（一）可靠性

可靠性要求企业应当以实际发生的交易或者事项为依据进行会计确认、计量和报告，如实反映符合确认和计量要求的各项会计要素及其他相关信息，保证会计信息真实可靠、内容完整。

通俗一点理解就是不做假账。

（二）相关性

相关性要求企业提供的会计信息应当与财务报告使用者的经济决策需要相关，有助于财务报告使用者对企业过去、现在的情况做出评价，对未来的情况做出预测。会计信息本身是没有价值的，只有与会计信息使用者的决策相关联，能够帮助使用者做出决策的会计信息才是有价值的、有用的。举个例子来理解，甲企业 5 年前买了一台生产设备，当时购买价格为 100 万元，到今天为止，该设备因自然灾害已经提前报废了，那么这台生产设备值多少钱？如果会计信息使用者想知道它现在的价值，即为零元；如果想知道购买时的价值，即为 100 万元。

需要读者注意的是，会计信息的相关性要求应当以可靠性为基础，两者是统一的。

（三）可理解性

可理解性要求企业提供的会计信息应当清晰明了、简明扼要，便于财务会计报告使用者理解和使用。

（四）可比性

可比性要求企业提供的会计信息应当相互可比。具体包括下列两层含义。

1. 同一企业不同时期可比（纵向可比）

要求同一企业不同时期发生的相同或者相似的交易或者事项，应当采用一致的会计政策，不得随意变更。确实需要变更的，应当在附注中说明。例如，今年某洗发水的价格在去年的基础上上涨了 10 元。

2. 不同企业相同会计期间可比（横向可比）

要求不同企业相同会计期间发生的相同或者相似的交易或者事项，应当采用规定的会计政策，确保会计信息口径一致、相互可比。例如，今年甲洗发水比乙洗发水贵 5 元。

为了保证会计信息能够满足决策的需要，便于比较不同企业的财务状况、经营成果和现金流量，不同企业发生相同或者相似的交易或事项，应当采用国家统一规定的相关会计方法和程序。

（五）实质重于形式

实质重于形式要求企业应当按照交易或者事项的经济实质进行会计确认、计量和报告，不应仅以交易或者事项的法律形式为依据。如果会计人员在进行会计处理时关注法律形式（或外在形式）而轻视经济实质（或实质内涵），其最终结果只会是在错误的道路上越走越远。

会计实务中比较典型的例子是将企业租入的资产（短期租赁和低值资产租赁除外）视为企业自有资产核算。从法律形式来看，企业与对方签订的是租赁合同；但从经济实质来看，这项资产在自己有限的使用寿命内都是与企业共同度过的，如这项资产的使用寿命是 10 年，其中有 9 年光阴都是与企业在一起的，企业支配着它、使用着它，而它也陪伴着企业，所以实际上已经将它视为企业的自有资产进行核算了。

（六）重要性

重要性要求企业提供的会计信息应当反映与企业财务状况、经营成果和现金流量有关的所有重要交易或者事项。

对重要会计事项，必须按照规定的会计方法和程序进行处理，并在财务报告中予以充分、准确地披露；对于次要的会计事项，在不影响会计信息的真实性和不至于误导财务报告使用者做出正确判断的前提下，可适当简化处理。举个例子来理解，一家企业全年的报刊费为 60 元，理论上应该按照权责发生制来每月分摊，每月确认费用 5 元。但是因为费用较少，根据重要性的原则，可以将全年的报刊费 60 元全都记入 1 月的费用。

重要性的应用需要依赖职业判断，企业应当根据其所处环境和实际情况，从项目性质和金额大小两方面加以判断其重要性。

近年来人工智能发展势头迅猛，很多会计从业者担心自己的工作将会被人工智能取代，也有很多想从事会计行业的人担心会计行业的未来发展前景。但会计人员的“职业判断”是人工智能永远都取代不了的，这也是会计人员的核心竞争力。

（七）谨慎性

谨慎性要求企业对交易或者事项进行会计确认、计量和报告时应当保持应有的谨慎，不应高估资产或者收益、不应低估负债或者费用。

如何来理解呢？资产和收益对企业来说可以理解为一件“好事”，但会计人员不能高估；负债和费用对企业来说可以理解为一件“不好的事”，但会计人员也不能低估。就像介绍他人的优缺点一样，介绍人说对方非常优秀，几乎没有缺点，那么以会计的谨慎性要求来看，就要想对方真的有这么好吗？如果介绍人说对方有一些小缺点，但没什么大缺点，那么以会计的谨慎性要求来看，就要想对方真的就只有这些缺点吗？

实务中专业化的例子包括计提资产的减值准备、对固定资产采用加速折旧法等。

但是，谨慎性的应用并不允许企业设置秘密准备，如果企业故意低估资产或收益，或者故意高估负债或费用，将不符合会计信息的可靠性和相关性要求。

（八）及时性

及时性要求企业对于已经发生的交易或者事项，应当及时进行确认、计量和报告，不得提前或者延后。

会计信息属于“信息”的一种，凡是信息都会有时效性，即便是可靠、相关、重要的会计信息，如果已过时效性，那它也不再具有经济价值，如果会计信息使用者用这样的会计信息来做决策，则很有可能被误导，可见及时性的重要。

第七节　我国的会计准则体系

一、会计准则的构成

会计准则是反映经济活动、确认产权关系、规范收益分配的会计技术标准，是生成和提供会计信息的重要依据，也是政府调控经济活动、规范经济秩序和开展国际经济交往等的重要手段。我国已颁布的会计准则有《企业会计准则》《小企业会计准则》《政府会计准则》。

二、企业会计准则

我国的《企业会计准则》由财政部制定，于 2006 年 2 月 15 日发布，自 2007 年 1 月 1 日起在上市公司范围内施行，并鼓励其他企业执行。《企业会计准则》旨在规范企业的会计处理，提高企业的经营管理水平，从而使企业得到健康良性发展。我国的企业会计准则体系包括基本准则、具体准则、应用指南和解释公告等。

（一）基本准则

基本准则是企业进行会计核算工作必须遵守的基本要求，是企业会计准则体系的概念基础，是制定具体准则、应用指南、会计准则解释的依据，也是解决新的会计问题的指南，在企业会计准则中具有重要的地位。基本准则包括总则、会计信息质量要求、财务会计报表要素、会计计量、财务会计报告等 11 章内容。

（二）具体准则

具体准则是在基本准则的指导下，处理会计具体业务标准的规范。其具体内容可分为一般业务准则、特殊行业和特殊业务准则、财务会计报告准则三大类。

一般业务准则是对一般经济业务的确认、计量要求，如存货、固定资产、无形资产、投资性房地产、职工薪酬等。

特殊行业和特殊业务准则是对特殊行业的特定业务的会计问题做出的处理规范。如生物资产（比如奶牛）、金融资产转移、合并会计报表等。

财务会计报告准则主要是各类企业通用的报告类准则。如财务报表列报、现金流量表、合并财务报表、中期财务报告、分部报告等。

（三）应用指南

应用指南从不同角度对企业具体准则进行细化，解决实务操作问题。它是根据基本准则、具体准则制定的用于指导会计实务的操作性指南。因其实务操作性强，在准则体系中占据着举足轻重的地位。

（四）解释公告

解释公告主要用以指导、规范会计准则在实际执行中出现的问题。当准则在执行中遇到新问题、疑难问题的时候，财政部会通过发布准则解释的形式及时解答和更新。

三、小企业会计准则

2011 年 10 月 18 日，财政部颁布了《小企业会计准则》，要求符合适用条件的小企业自 2013 年 1 月 1 日起执行，并鼓励提前执行。《小企业会计准则》一般适用于我国境内依法设立、经济规模较小的企业。

四、政府会计准则

政府会计准则制度包括《政府会计准则》和《政府会计制度》等内容，自 2019 年 1 月 1 日起，政府会计准则制度在全国各级各类行政事业单位全面施行。执行政府会计准则制度的单位，不再执行《事业单位会计准则》《行政单位会计制度》。

我国的政府会计准则体系由政府会计基本准则、具体准则和应用指南三部分组成，它有着自己独特的核算逻辑和组成部分。政府会计由预算会计和财务会计构成。政府预算会计要素包括预算收入、预算支出和预算结余，政府财务会计要素包括资产、负债、净资产、收入和费用。

第八节　会计的行业划分

俗话说“三百六十行，行行出状元”，“三百六十行”同样有会计人的身影。从会计实操的角度划分，主要可分为以下几大行业：工业、商业、服务业、建筑业、房地产业。

要成为一名合格、成功的会计人员，应当具备专业技术资格以及丰富的工作经验。专业技术资格需要大家努力去考取，工作经验需要大家在实践中积累。作为一名想入行的新人，如果想要尽快掌握相关的知识，积累更多的经验，则可以通过实操课程的学习来弥补这一不足。在学习实操课程时，可以根据自己所在的行业进行有针对性的选择。

CHAPTER 2

第二章 会计世界里的平衡美学——会计要素与会计等式

第二章

本章以会计要素为主线来展开讲解，分别介绍企业会计要素的含义、分类及其确认条件、会计要素计量过程中所使用的计量属性，以及各会计要素所形成的会计等式。本章是读者学习和理解的难点，建议在理解的基础上反复记忆。

第一节 会计要素

首先，可以通过图 2-1-1 来看一下会计要素在资金运动中所处的位置。

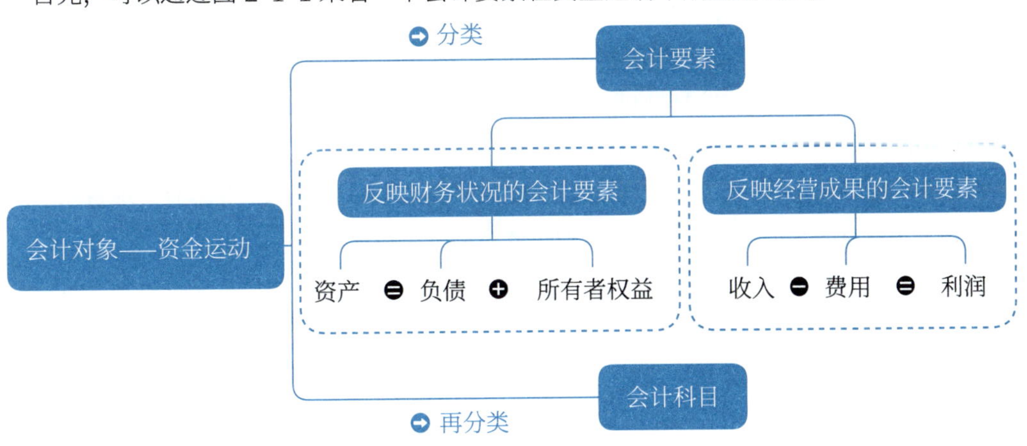

图2-1-1 会计要素在资金运动中所处的位置示意

一般而言，可以把会计要素通俗地理解成“资金运动”大家庭里的“子辈”，把会计科目理解成“孙辈”。会计科目将在下一章进行介绍。

一、会计要素的含义与分类

曾经有人说过，会计是一种“分类”的艺术。以农产品为例，分类学的精髓就是：直接对一堆农产品进行分析比较困难，但可以把它们分成水果、蔬菜等后再进行分析。企业会计核算和监督的内容纷繁复杂，如果不对这些会计对象进行归类，将无法进行后续的记录和报告。将会计对象分门别类地进行划分后得到的类别，就是我们所说的会计要素。

会计要素是指根据交易或者事项的经济特征所确定的财务会计对象的基本分类。我国企业会计准则把会计要素划分为资产、负债、所有者权益、收入、费用和利润六类。

资产、负债和所有者权益反映企业在一定日期的财务状况，是对企业资金运动的静态反映，属于静态要素，在资产负债表中列示；收入、费用和利润反映企业在一定时期内的经营成果，是对企业资金运动的动态反映，属于动态要素，在利润表中列示。

二、会计要素的确认

（一）资产

1. 资产的定义和特征

资产是指企业过去的交易或者事项形成的、由企业拥有或控制的、预期会给企业带来经济利益的资源。

根据资产的定义，资产具有以下三个特征。

(1)资产是由企业过去的交易或者事项形成的。例如，某人准备3个月后在北京买20套房子，那么这些房子现在能作为他的资产进行确认吗？不可以！资产必须是现实的资产，而不能是预期的资产。未来交易或事项可能产生的结果不能作为资产进行确认。

(2) 资产应为企业拥有或控制的资源。这里的“拥有”具体是指企业享有某项资源的所有权，或者虽然不享有某项资源的所有权，但该资源能被企业所控制。

(3) 资产预期会给企业带来经济利益。预期会给企业带来经济利益，是指资产具有直接或者间接导致现金或现金等价物流入企业的潜力。这种潜力，可以来自企业日常的生产经营活动，也可以是非日常活动。

2. 资产的确认条件

将一项资源确认为资产，除了需要符合资产的定义，还应同时满足以下两个条件。

(1) 与该资源有关的经济利益很可能流入企业。

资产的确认应与经济利益流入的不确定程度的判断结合起来，以应对瞬息万变的商业大环境。只有企业认为很可能流入的经济利益，才有确认为资产的希望。

【敲黑板】对“可能性”的大小可以做如下区分。

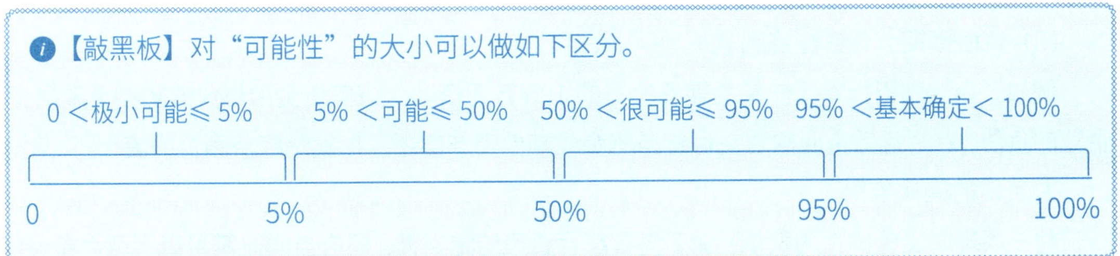

（2）该资源的成本或者价值能够被可靠地计量。

可计量性是所有会计要素确认的重要前提，资产的确认也是如此。只有当有关资源的成本或者价值能够被可靠地计量时，资产才能予以确认。

3. 资产的分类

资产按流动性进行分类，可以分为流动资产和非流动资产。

流动资产是指预计在一个正常营业周期中变现、出售或耗用，或者主要为交易目的而持有，或者预计在资产负债表日起一年内（含一年）变现的资产，以及自资产负债表日起一年内交换其他资产或清偿负债的能力不受限制的现金或现金等价物。流动资产主要包括库存现金、银行存款、其他货币资金、交易性金融资产、应收及预付款项、存货等。

非流动资产是指流动资产以外的资产，主要包括固定资产、在建工程、无形资产等。

【敲黑板】正常营业周期是指企业从购买用于加工的资产起至实现现金或现金等价物的期间。正常营业周期通常短于一年，在一年内有几个营业周期。但是，也存在正常营业周期长于一年的情况，在这种情况下，与生产循环相关的产成品、应收账款、原材料尽管是超过一年才变现、出售或耗用，仍应作为流动资产。当正常营业周期不能确定时，应当以一年（12 个月）作为正常营业周期。

（二）负债

1. 负债的定义和特征

负债是指企业过去的交易或事项形成的，预期会导致经济利益流出企业的现时义务。

根据负债的定义，负债具有以下基本特征。

（1）负债是由过去的交易或者事项形成的。

企业 3 个月前向银行借了 1 亿元，这就是过去的交易或事项，应该确认为企业的负债；如果企业计划一年后向银行贷款 1 亿元，这是企业将在未来发生的事项，不会形成负债。

（2）负债是企业承担的现时义务。

负债必须是企业承担的现时义务，这里的现时义务是指企业在现行条件下承担的义务。未来发生的交易或事项形成的义务不属于现时义务，不应当确认为负债。

（3）负债预期会导致经济利益流出企业。

例如，企业向银行借了一笔为期 6 个月的 100 万元资金，该笔资金所形成的短期借款属于企业的负债。6 个月后企业需要交付货币资金或其他资产偿还，这就是经济利益的流出。

2. 负债的确认条件

将一项现时义务确认为负债，除了需要符合负债的定义外，还应当同时满足以下两个条件：

（1）与该义务有关的经济利益很可能流出企业。

（2）未来流出的经济利益的金额能够可靠地计量。

3. 负债的分类

按偿还期限的长短，一般将负债分为流动负债和非流动负债。

流动负债是指预计在一个正常营业周期中偿还，或者主要为交易目的而持有，或者自资产负债表日起一年内（含一年）到期应予以清偿，或者企业无权自主地将清偿推迟至资产负债表日以后一年以上的负债。流动负债主要包括短期借款、应付票据、应付账款、预收账款、应付职工薪酬、应交税费、应付利息、应付股利和其他应付款等。

非流动负债是指流动负债以外的负债，主要包括长期借款、应付债券、长期应付款等。

负债根据偿还期限的分类如表 2-1-1 所示。

表2-1-1　负债根据偿还期限的分类

流动负债——短期负债（预计在一个正常营业周期中清偿）	非流动负债——长期负债（流动负债以外的负债）
① 短期借款； ② 应收票据、应付账款、预收账款； ③ 应付职工薪酬； ④ 应交税费； ⑤ 应付利息、应付股利、其他应付款等	① 长期借款； ② 应付债券； ③ 长期应付款

（三）所有者权益

1. 所有者权益的定义与特征

所有者权益是指企业资产扣除负债后由所有者享有的剩余权益。公司的所有者权益又称为股东权益。我们可以把所有者权益通俗地理解为“老板权益”。

根据所有者权益的定义，其具有以下三个特征。

（1）除非发生减资、清算或分派现金股利，企业不需要偿还所有者权益。

（2）企业清算时，只有在清偿所有的负债后，所有者权益才返还给所有者。

（3）所有者凭借所有者权益能够参与企业利润的分配。

2. 所有者权益的确认条件

所有者权益的确认、计量主要取决于资产、负债、收入、费用等其他会计要素的确认和计量。所有者权益在数量上等于企业资产总额扣除债权人权益后的净额，即为企业的净资产，反映所有者（股东）在企业资产中享有的经济利益。用公式表示为：所有者权益＝资产－负债，移项可得会计等式：资产＝负债＋所有者权益，这个等式会在下一节进行介绍。

3. 所有者权益的分类

所有者权益的来源包括所有者投入的资本、直接记入所有者权益的利得和损失、留存收益等。所有者权益的分类如图 2-1-2 所示。

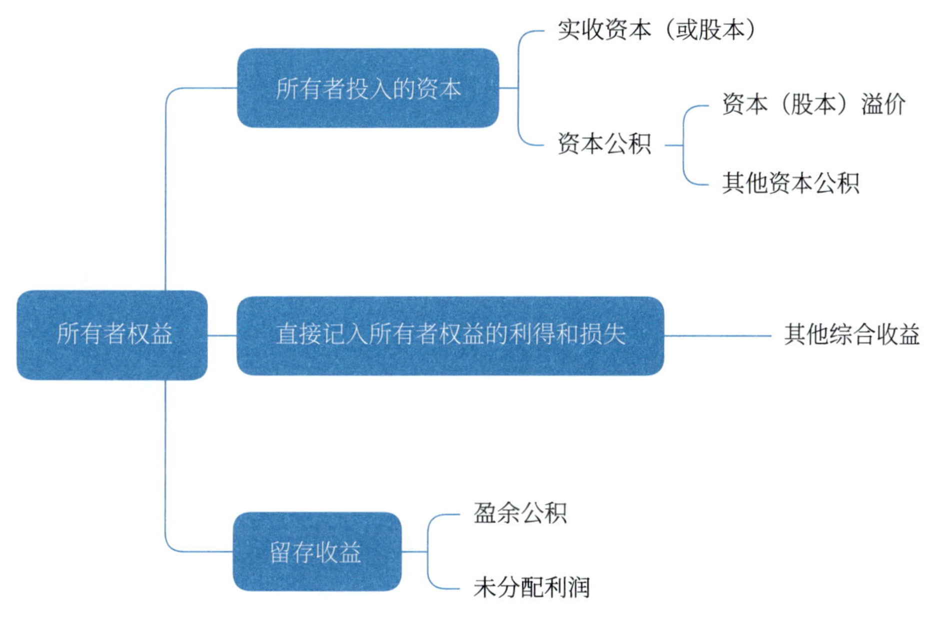

图2-1-2　所有者权益的分类

（四）收入

1. 收入的定义与特征

收入是指企业在日常活动中形成的、会导致所有者权益增加的、与所有者投入资本无关的经济利益的总流入。根据收入的定义，其具有以下三个特征。

（1）收入是企业在日常活动中形成的。日常活动是指企业为完成其经营目标所从事的经常性活动以及与之相关的活动；非日常活动是与企业的主营业务无关的、偶然发生的经济活动，如中奖、接受捐赠等，非日常活动形成的经济利益在会计上称为利得。

需要提醒读者注意的是：本书是站在工业企业（制造业企业）角度来看待问题的，而工业企业的日常活动是生产商品并对外出售。

（2）收入会导致所有者权益的增加。会导致所有者权益增加的经济利益的流入才能确认为收入，不会导致所有者权益增加的经济利益的流入不符合收入的定义，不应确认为收入。

（3）收入是与所有者投入资本无关的经济利益的总流入。投资人投入的经济利益，会计上称为资本，而不属于收入，所以说收入是与所有者投入资本无关的；如果企业当初以 1 万元购进一批材料，生产完工后以 1.5 万元出售，收入应该是 1.5 万元的总流入。

2. 收入的确认条件

收入的确认除了应当符合定义外，还至少应当符合以下条件。

（1）与收入相关的经济利益应当很可能流入企业。

（2）经济利益流入企业的结果会导致资产的增加或者负债的减少。

（3）经济利益的流入额能够可靠地计量。

3. 收入的分类

根据重要性要求，企业的收入可以分为主营业务收入和其他业务收入。主营业务收入是由企业的主营业务所带来的收入，如包子铺的主营业务就是卖包子；如果包子铺卖房子，相关收入应该确认为其他业务收入，所以其他业务收入是除主营业务活动以外的其他经营活动实现的收入。

（五）费用

1. 费用的定义与特征

费用是指企业在日常活动中发生的、会导致所有者权益减少的、与向所有者分配利润无关的经济利益的总流出。根据费用的定义，其具有以下三个特征。

（1）费用是企业在日常活动中发生的。非日常活动造成的支出，比如自然灾害、罚款支出，这些应该确认为企业的损失，不能确认为费用。

（2）费用会导致所有者权益的减少。会导致所有者权益减少的经济利益的流出才能确认为费用，不会导致所有者权益减少的经济利益的流出不符合费用的定义，不应确认为费用。

（3）费用是与向所有者分配利润无关的经济利益的总流出。费用的发生会导致经济利益的流出，从而导致资产的减少或者负债的增加。企业向所有者分配利润也会导致经济利益流出，例如分配股利，它属于所有者权益的抵减项目，不属于费用。

2. 费用的确认条件

费用的确认除了应当符合定义外，还至少应当符合以下条件。

（1）与费用相关的经济利益应当很可能流出企业。

（2）经济利益流出企业的结果会导致资产的减少或者负债的增加。

（3）经济利益的流出额能够可靠地计量。

3. 费用的分类

费用的分类如图 2-1-3 所示。

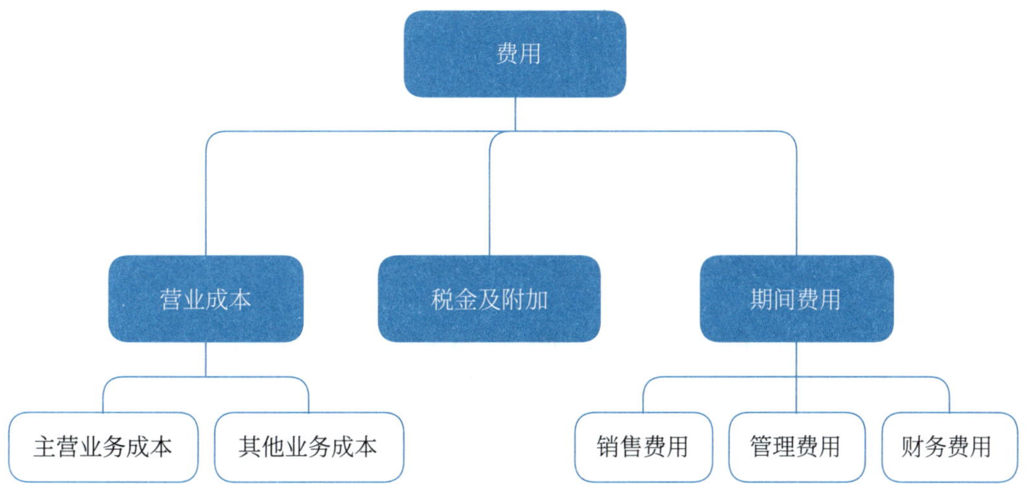

图2-1-3　费用的分类

（六）利润

1. 利润的定义与特征

利润是指企业在一定会计期间的经营成果，反映收入减去费用、直接记入当期利润的利得减去损失之后的净额。通常情况下，如果企业实现了利润（利润＞0），表明企业的所有者权益将增加，业绩得到了提升；反之，如果企业发生了亏损（利润＜0），表明企业的所有者权益将减少，业绩下降。利润是衡量企业经营优劣的一个重要标志，往往是评价企业管理层业绩的一项重要指标，也是投资者等财务会计报告使用者进行决策时的重要参考依据。

2. 利润的确认条件

利润的确认主要依赖于收入和费用，以及直接记入当期利润的利得和损失的确认，其金额的确定也主要取决于收入、费用、利得、损失金额的计量。

3. 利润的分类

利润包括收入减去费用后的净额、直接记入当期利润的利得和损失等。其中，收入减去费用后的净额反映企业日常活动的经营业绩；直接记入当期利润的利得和损失反映企业非日常活动的业绩。具体如图 2-1-4 所示。

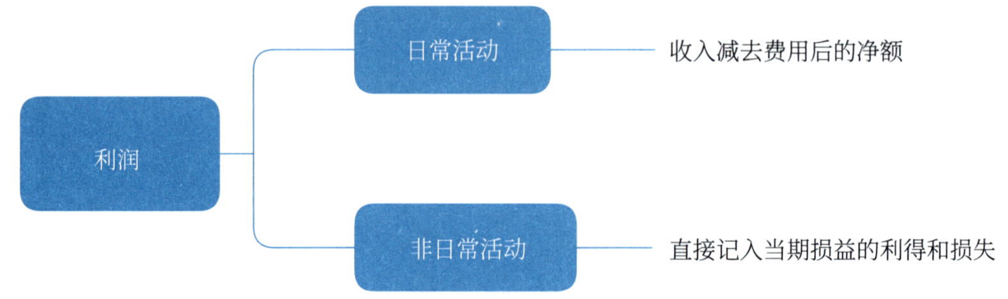

图2-1-4　利润的分类

【敲黑板】收入对应利得、费用对应损失。

表 2-1-2 所示为收入与利得、费用与损失的区别和联系。

表2-1-2　收入与利得、费用与损失的区别和联系

项目	区别	联系
收入与利得	(1)收入与日常活动有关,利得与非日常活动有关 (2)收入是经济利益总流入，利得是经济利益净流入	都会导致所有者权益增加，且与所有者投入资本无关
费用与损失	(1)费用与日常活动有关,损失与非日常活动有关 (2)费用是经济利益总流出，损失是经济利益净流出	都会导致所有者权益减少，且与向所有者分配利润无关

【敲黑板】利得和损失分为两类。

表 2-1-3 所示为利得与损失的分类。

表2-1-3　利得与损失的分类

项目	分类
直接记入当期利润的利得和损失	营业外收入（利得）、营业外支出（损失）
	资产处置损益
	公允价值变动损益
	投资收益
直接记入所有者权益的利得和损失	其他综合收益

三、会计要素的计量

通俗来讲，会计要素的计量就是指按照一定的规则确定相关会计要素的金额。企业应当按照规定的会计计量属性进行计量，确定相关金额。

（一）会计计量属性及其构成

会计计量属性是指会计要素的数量特征或外在表现形式，反映了会计要素金额的确定基础，主要包括历史成本、重置成本、可变现净值、现值和公允价值等。

1. 历史成本

历史成本又称为实际成本，是指为取得或制造某项财产物资时所实际支付的现金或其他等价物。例如，企业购入一台生产设备，价款为 3 000 万元，运杂费为 2 万元，安装调试费用为 13 万元，该台设备应确认为固定资产，按历史成本计价，入账金额为 3 015 万元。

在历史成本计量下，资产按照购置时支付的现金或者现金等价物的金额，或者按照购置资产时所付出的对价的公允价值计量。

2. 重置成本

重置成本又称为现行成本，是指在当前市场条件下，重新取得同样一项资产所需支付的现金或现金等价物金额。

该计量属性主要用于固定资产的盘盈。例如，企业在年末财产清查中，发现年中购买的一辆汽车未入账，同类汽车在当时的市场价格为 50 万元，则企业对这辆汽车按重置成本计价为 50 万元。

3. 可变现净值

可变现净值是指在正常生产经营过程中，以预计售价减去进一步加工成本和预计销售费用以及相关税费后的净值。其实质就是该资产在正常经营过程中可带来的预期净现金流入或流出

（不考虑资金时间价值）。

该计量属性主要用于存货的期末计量。例如，企业期末存在一批在产品，加工后的产成品估计售价为 200 万元，预计的加工成本为 30 万元，预计的销售费用为 20 万元，则可变现净值是 150 万元。

4. 现值

现值是指对未来现金流量以恰当的折现率进行折现后的价值，是考虑资金时间价值的一种计量属性。

在现值计量下，资产按照预计从其持续使用和最终处置中所产生的未来净现金流入量的折现金额计量。

5. 公允价值

公允价值是指市场参与者在计量日发生的有序交易中，出售一项资产所能收到或者转移一项负债所需支付的价格。该计量属性主要用于交易性金融资产的计量。

计量属性的构成与解释可总结如表 2-1-4 所示。

表2-1-4　计量属性的构成与解释

计量属性	总结
历史成本	原来购买时花的钱
重置成本	现在重新购买一个一样的需要花的钱
可变现净值	卖出去能拿到的钱－为了卖出去花的费用（包括进一步加工所需成本和销售所必需的预计税金、费用）
现值	未来能拿到的钱折合到现在值多少钱
公允价值	市场公允价

（二）计量属性的运用原则

企业在对会计要素进行计量时，一般应当采用历史成本，采用重置成本、可变现净值、现值、公允价值计量的，应当保证所确定的会计要素金额能够取得并能够可靠地计量。

第二节　会计等式

什么是会计等式？企业各会计要素之间有着非常密切的内在联系，我们可以用数学表达式来体现这些会计要素之间的经济关系和数量关系，这种数学表达式就叫作会计等式，其又称为会计恒等式、会计方程式或会计平衡公式。

一、会计等式的表现形式

（一）财务状况等式

企业要进行生产经营，必须拥有一定的资产。企业运用于各项资产上的资金，都有一定的来源。一是向债权人借入的资金，叫作债权人权益，简称“负债”；二是所有者的投资等形成，叫作所有者权益，除企业停止经营外，不需企业偿还。负债及所有者权益两者统称为“权益”。

一个企业所拥有的资产和权益是同一资金的两个不同方面。资产这一方意味着企业拥有的资源，权益这一方则意味着由谁提供了这些资源。有一定数额的资产，就必然有一定数额的权益；反之，有一定数额的权益，也必然有一定数额的资产。资产和权益是相互依存的，没有权益，企业不可能拥有资产；同样，没有资产，权益也绝不可能存在。因此，从数量上看，一个企业所拥有的资产总额必然等于权益总额。企业的资产来源可表示为图 2-2-1。

企业要进行经济活动，必须拥有一定数量和质量的能给企业带来经济利益的经济资源

①企业所有者投入→所有者权益

②企业向债权人借入→负债

图2-2-1　企业的资产来源

举例来理解，202× 年初小王筹集 100 万元开了一家包子铺，其中 30 万元是借的，70 万元是小王自己投入的。公司成立之初，财务状况表现为：资产 100 万元，负债 30 万元，所有者权益 70 万元。

平衡关系：资产 100 万元＝负债 30 万元＋所有者权益 70 万元。此等式被称为财务状况等式、基本会计等式或静态会计等式，它是复式记账法的理论基础，也是编制资产负债表的依据。

（二）经营成果等式

小王开的那家包子铺因为包子口味独特、皮薄馅多，卖得非常不错。202× 年经营过程中，取得收入 300 万元，发生费用 260 万元，利润为 40 万元。

平衡关系：收入 300 万元－费用 260 万元＝利润 40 万元。此等式又称为经营成果等式或动态会计等式，它是编制利润表的依据。

（三）会计等式之间的勾稽关系

“资产＝负债＋所有者权益”反映的是资金运动的静态状况，“收入－费用＝利润”反映的是资金运动的动态状况。静止是相对的，运动是绝对的，运动的结果最终要以相对静止的形式表现出来。因此，资金运动的动态过程最后必然会折射到静态的会计要素上，从而使两个会计等式之间建立起勾稽关系，会计等式为：资产＝负债＋所有者权益＋（收入－费用）。

举个例子，202× 年末，企业资产为 140 万元，负债为 30 万元，期初所有者权益为 70 万元，收入为 300 万元，费用为 260 万元。

平衡关系：资产 140 万元＝负债 30 万元＋期初所有者权益 70 万元＋（收入 300 万元－费用 260 万元）。

二、经济业务对会计等式的影响

企业在生产经营过程中，每天都会发生各式各样的经济业务，这些业务会引起会计要素不同程度的变化，但不管怎么变，都不会影响会计等式的平衡关系。具体总结如表 2-2-1 所示。

表2-2-1　会计等式的平衡关系

序号	资产	负债	所有者权益
1	一增一减		
2	增	增	
3	增		增
4	减	减	
5	减		减
6		一增一减	
7		增	减
8		减	增
9			一增一减

1. 一项资产增加、另一项资产等额减少的经济业务

【例题】以银行存款 10 万元购买原材料，材料已入库。

这项经济业务使企业的原材料增加 10 万元，同时银行存款减少 10 万元，企业的资产内部发生一增一减，但资产总额不变，没有改变等式的平衡关系。

2. 一项资产增加、一项负债等额增加的经济业务

【例题】企业向银行借入 200 万元，款项已到账。

这项经济业务使企业的银行存款增加 200 万元，同时借入的款项企业会确认负债 200 万元，等式两边同时增加 200 万元，没有改变等式的平衡关系。

3. 一项资产增加、一项所有者权益等额增加的经济业务

【例题】企业接受股东追加货币投资 10 万元，款项已存入银行。

这项经济业务使企业的银行存款增加 10 万元，同时收到投资使得所有者权益增加 10 万元，等式两边同时增加 10 万元，没有改变等式的平衡关系。

4. 一项资产减少、一项负债等额减少的经济业务

【例题】企业以银行存款偿还之前所欠货款 1 万元。

这项经济业务使企业的银行存款减少 1 万元，同时负债也减少 1 万元，等式两边同时减少 1 万元，没有改变等式的平衡关系。

5. 一项资产减少、一项所有者权益等额减少的经济业务

【例题】企业投资者撤回投资款 50 万元，企业以银行存款支付。

这项经济业务使企业的银行存款减少 50 万元，同时某投资者撤回投资使得所有者权益减少 50 万元，等式两边同时减少 50 万元，并没有改变等式的平衡关系。

6. 一项负债增加、另一项负债等额减少的经济业务

【例题】企业借入短期借款 20 万元直接用于偿还之前欠供应商的货款。

这项经济业务使企业的应付账款减少 20 万元，同时短期借款增加 20 万元，即企业的负债内部一增一减，负债总额不变，并没有改变等式的平衡关系。

7. 一项负债增加、一项所有者权益等额减少的经济业务

【例题】企业宣告向投资者分配现金股利 300 万元。

这项经济业务使企业的未分配利润减少 300 万元，同时应付股利增加 300 万元，即企业的所有者权益减少，负债等额增加，并没有改变等式的平衡关系。

8. 一项所有者权益增加、一项负债等额减少的经济业务

【例题】债权人将企业长期债务 600 万元转为对企业的投资。

这项经济业务使企业的负债减少 600 万元，同时对一家企业的投资增加，即所有者权益增

加 600 万元，并没有改变等式的平衡关系。

9. 一项所有者权益增加、另一项所有者权益等额减少的经济业务

【例题】以资本公积 10 万元转增资本。

这项经济业务使企业的资本公积减少 10 万元，同时实收资本增加 10 万元，即企业的所有者权益内部一增一减，但所有者权益总额不变，并没有改变等式的平衡关系。

以上九类经济业务的发生均不会影响会计等式的平衡关系，主要分为三种类型。

（1）经济业务使等式左右两边金额保持不变（1、6、7、8、9）。

（2）等式左右两边金额等额增加（2、3）。

（3）等式左右两边金额等额减少（4、5）。

总而言之，每一项经济业务的发生，都必然会引起会计等式的一边或两边有关项目相互联系地发生等量变化，即当涉及会计等式的一边时，有关项目的金额发生相反方向的等额变动；当涉及会计等式的两边时，有关项目的金额发生相同方向的等额变动，但始终不会影响会计等式的平衡关系。

CHAPTER 3

第三章 互生“情愫”的会计科目与会计账户

本章主要介绍会计科目和会计账户的相关知识，分别阐述了会计科目和会计账户的概念与分类、会计科目的设置、会计账户的功能与结构，以及会计账户与会计科目之间的关系。本章内容较少，读者学起来相对轻松一些。

第一节 会计科目

一、会计科目的概念

前面章节为大家介绍了会计的对象是资金运动，也介绍了会计对象可以划分为六大要素，那么有没有更进一步的划分呢？会计科目就是更加具体的划分，如图 3-1-1 所示。

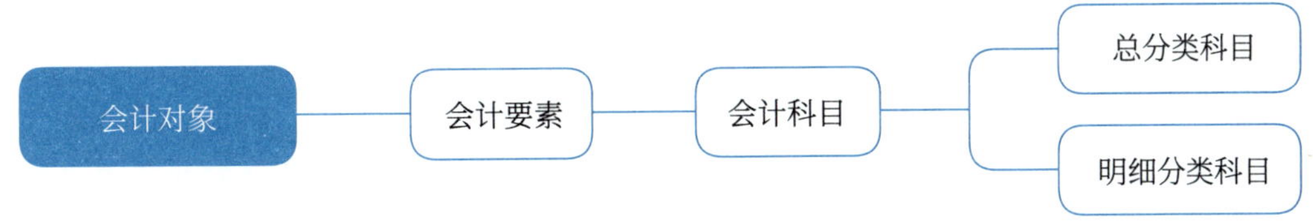

图3-1-1 会计对象的具体划分

会计科目，简称科目，是对会计要素的具体内容进行分类核算的项目，是进行会计核算和提供会计信息的基本单元。

二、会计科目的分类

会计科目可按其反映的经济内容（所属会计要素）、所提供信息的详细程度及其统驭关系分类。

（一）按反映的经济内容分类

会计科目按其反映的经济内容不同，可以分为资产类科目、负债类科目、共同类科目、所有者权益类科目、成本类科目和损益类科目。每一类会计科目可按一定标准再分为若干个具体科目。

（二）按提供信息的详细程度及其统驭关系分类

1. 总分类科目

总分类科目又称总账科目或一级科目，是对会计要素的具体内容进行总括分类、提供总括信息的会计科目。例如，“原材料”“固定资产”等。总分类科目反映各种经济业务的概括情况，是进行总分类核算的依据。

2. 明细分类科目

明细分类科目又称明细科目，是对总分类科目作进一步分类，提供更为详细和具体会计信息的科目。例如，“固定资产”科目可按车间设置明细科目，反映各车间固定资产的情况。如果某一总分类科目所辖的明细分类科目较多，那么可在总分类科目下设置二级明细科目，再在二级明细科目下设置三级明细科目，以此类推。

3. 二者的联系与区别

二者的联系是总分类科目对其所属的明细分类科目具有统驭和控制的作用，而明细分类科目是对其所归属的总分类科目的补充和说明；二者的区别是总分类科目提供总括性指标，明细分类科目提供详细具体指标。二者的关系如表 3-1-1 所示。

表3-1-1　总分类科目与明细分类科目的关系

总分类科目（一级科目）	明细分类科目	
	二级科目	三级科目
固定资产	一车间	×× 设备
		×× 设备
	二车间	×× 设备
		×× 设备

三、会计科目的设置

（一）设置的原则

合理地设置会计科目，是正确组织会计核算的一个重要条件。各单位如何设置会计科目，设置哪些会计科目，是由会计核算和监督的具体内容的特点及经济管理的要求所决定的。一般地，应该遵循以下几项原则。

1. 合法性原则

为了保证会计信息的可比性，所设置的会计科目应当符合国家统一的会计制度的规定。具体而言，总分类科目一般由财政部统一制定；明细分类科目中除会计制度规定设置的以外，还可以根据本单位经济管理的需要和经济业务的具体内容自行设置。例如，“应交税费——应交增值税（进项税额）”就属于会计准则规定设置的明细分类科目。

2. 相关性原则

会计科目的设置，应当为提供有关各方所需要的会计信息服务，满足对外报告与对内管理的要求。

3. 实用性原则

在合法性的基础上，应根据企业自身特点，设置符合企业需要的会计科目。例如，工业企业是制造产品的行业，就必须设置核算和监督工业生产过程的会计科目，如“生产成本”“制造费用”等；商业企业是组织商品流通的行业（俗称中间商），不组织产品生产，以商品买卖行为作为重要经营业务，其会计科目主要反映商品的买卖过程，应设置“库存商品”“商品进销差价”等会计科目；行政事业单位不直接从事物质产品的生产和销售，应设置核算和监督国家预算执行情况的会计科目，如“拨入经费”“经费支出”等科目。

（二）常用会计科目一览表

我国常用的会计科目如表 3-1-2 所示。

表3-1-2　我国常用会计科目

编号	名称	编号	名称
一、资产类		一、资产类	
1001	库存现金	1012	其他货币资金
1002	银行存款	1101	交易性金融资产

第三章

续表

编号	名称	编号	名称
一、资产类		一、资产类	
1121	应收票据	1512	长期股权投资减值准备
1122	应收账款	1521	投资性房地产
1123	预付账款	1531	长期应收款
1131	应收股利	1601	固定资产
1132	应收利息	1602	累计折旧
1164	合同资产	1603	固定资产减值准备
1221	其他应收款	1604	在建工程
1231	坏账准备	1605	工程物资
1261	委托代销商品	1606	固定资产清理
1401	材料采购	1701	无形资产
1402	在途物资	1702	累计摊销
1403	原材料	1703	无形资产减值准备
1404	材料成本差异	1711	商誉
1405	库存商品	1801	长期待摊费用
1406	发出商品	1811	递延所得税资产
1408	委托加工物资	1901	待处理财产损溢
1471	存货跌价准备	二、负债类	
1501	债权投资	2001	短期借款
1502	债权投资减值准备	2201	应付票据
1503	其他债权投资	2202	应付账款
1504	其他权益工具投资	2203	预收账款
1511	长期股权投资	2204	合同负债

续表

编号	名称	编号	名称
二、负债类		五、成本类	
2211	应付职工薪酬	5201	劳务成本
2221	应交税费	5301	研发支出
2231	应付利息	六、损益类	
2232	应付股利	6001	主营业务收入
2241	其他应付款	6051	其他业务收入
2501	长期借款	6101	公允价值变动损益
2502	应付债券	6111	投资收益
2701	长期应付款	6103	资产处置损益
2711	专项应付款	6104	其他收益
2801	预计负债	6301	营业外收入
2901	递延所得税负债	6401	主营业务成本
三、共同类（略）		6402	其他业务成本
四、所有者权益类		6403	税金及附加
4001	实收资本	6601	销售费用
4002	资本公积	6602	管理费用
4101	盈余公积	6603	财务费用
4102	其他综合收益	6701	资产减值损失
4103	本年利润	6702	信用减值损失
4104	利润分配	6711	营业外支出
五、成本类		6801	所得税费用
5001	生产成本	6901	以前年度损益调整
5101	制造费用		

第二节　会计账户

一、会计账户的概念

会计科目仅仅是对会计对象的具体内容进行分类的项目，但若只有分类的项目，没有一定的结构形式，它并不能把发生的经济业务连续地、系统地记录下来。因此，设置会计科目以后，还必须根据规定的会计科目开设一系列的、反映不同经济内容的账户，用来对各项经济业务进行分类记录。

会计账户，简称账户，是根据会计科目设置的，具有一定格式和结构，用于分类反映会计要素增减变动情况及其结果的载体。会计科目仅仅是对会计要素的具体内容进行了分类，不能进行具体的会计核算，不能反映经济业务发生所引起的会计要素各项目的增减变动情况和结果。

二、会计账户的分类

会计账户是根据会计科目设置的，因此，会计账户的分类与科目的分类完全相同。

（一）根据核算的经济内容分类

根据核算的经济内容，会计账户可以分为资产类账户、负债类账户、共同类账户、所有者权益类账户、成本类账户和损益类账户。

（二）根据提供信息的详细程度及其统驭关系分类

根据提供信息的详细程度及其统驭关系，会计账户分为总分类账户和明细分类账户。

（1）总分类账户又称一级账户，它是指根据总分类会计科目设置的，用于对会计要素具体内容进行总括分类核算的账户，简称总账。

（2）明细分类账户是根据明细分类科目设置的，用来对会计要素具体内容进行明细分类核算的账户，简称明细账。

总分类账户和所属明细分类账户核算的内容相同，只是反映内容的详细程度有所不同，两者相互补充，相互制约，相互核对。总分类账户统驭和控制所属明细分类账户，明细分类账户从属于总分类账户。

三、会计账户的功能与结构

（一）会计账户的功能

会计账户的功能在于连续、系统、完整地提供企业经济活动中各会计要素增减变动及其结果的具体信息。

会计要素在特定会计期间增加和减少的金额，分别称为账户的“本期增加发生额”和“本期减少发生额”，二者统称为账户的“本期发生额”；会计要素在会计期末的增减变动结果，称为账户的“余额”，具体表现为期初余额和期末余额，账户上期的期末余额转入本期，即为本期的期初余额；账户本期的期末余额转入下期，即为下期的期初余额。

账户的期初余额、期末余额、本期增加发生额和本期减少发生额统称为账户的四个金额要素。对于同一账户而言，它们之间的基本关系为：期末余额＝期初余额＋本期增加发生额－本期减少发生额。

【例题】张三身上现金的月初余额为 1 000 元，本月工资收入为现金 6 000 元，用现金支付生活费 4 000 元，到月末，张三身上有多少现金？

根据题目表述：期初余额＝ 1 000 元，本期增加发生额＝ 6 000 元，本期减少发生额＝ 4 000 元，则期末余额＝ 1 000 ＋ 6 000 －4 000 ＝ 3 000（元）。

（二）会计账户的结构

1. 基本结构

会计账户的基本结构应同时具备下列内容。

（1）账户名称（会计科目）。

（2）日期（用以说明经济业务记录的日期）。

（3）凭证字号（表明账户记录所依据的凭证）。

（4）摘要（概括说明经济业务的内容）。

（5）金额（增加额、减少额和余额）。

会计账户的一般格式如图 3-2-1 所示。

年		凭证号码	摘要	发生额		借或贷	余额
月	日			借方	贷方		

图3-2-1　会计账户的一般格式

2. 简化结构

在简化结构中，账户名称的左方称为借方，右方称为贷方（见图 3-2-2）。所有账户的借方和贷方相反方向记录增加数和减少数，即一方登记增加额，另一方就登记减少额。

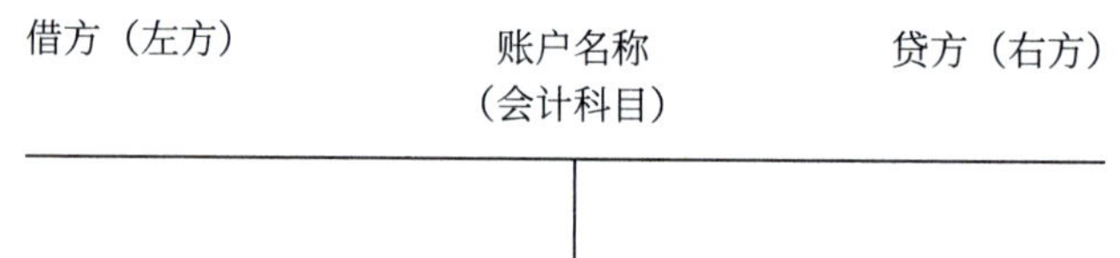

图3-2-2　账户格式的简化结构

从账户名称、记录增加额和减少额的左右两方来看，账户结构在整体上类似于汉字“丁”和大写的英文字母“T”，因此，账户的基本结构被形象地称为“丁”字账户或者“T”型账户。

四、会计账户与会计科目的关系

从理论上讲，会计科目与账户是两个不同的概念，二者既有联系，又有区别（见表 3-2-1）。

表3-2-1　会计科目与会计账户的联系与区别

项目	会计科目	会计账户
联系	会计科目与会计账户都是对会计对象具体内容的分类，两者核算内容一致，性质相同。会计科目是会计账户的名称，账户是会计科目的具体运用	
区别	不存在结构，不能反映会计要素各项目的增减变动情况和结果	具有一定的格式和结构，并可以反映会计要素增减变动情况及结果

【敲黑板】在实际工作中，会计科目和会计账户并不加严格区分，而是相互通用的。

CHAPTER 4

第四章 买了一杯冰激凌如何记账

本章主要为读者介绍会计记账方法的相关知识，尤其是借贷记账法的相关原理，读者一定要理解并掌握。学好借贷记账法，你就正式敲开会计的大门了。

第一节　会计记账方法的分类

今天太热了，赶紧买一杯 10 元的冰激凌降降温。如果你是一位懂得记录自己日常开支的有心人，你可能会这么记：买冰激凌花了 10 元。那你知道懂会计的人会怎么来记录这笔支出吗？他会这么记：口袋里的钱减少 10 元，冰激凌增加 10 元。那你知道这两种方式分别对应会计上什么记账方法吗？

所谓记账方法，就是指在账户中记录经济交易与事项的具体手段及方式。按照记账方式的不同，记账方法分为单式记账法和复式记账法。

一、单式记账法

单式记账法是指对发生的每一项经济业务，只在一个账户中加以登记的记账方法。就像上述买冰激凌的第一种记账方式，只会纪录口袋里的钱减少 10 元。举一个专业化的例子，企业用银行存款 30 万元购买设备，单式记账法只在银行存款账户下登记减少 30 万元。读到这里你肯定能够理解：单式记账法无法全面、系统地反映各项会计要素的增减变动情况和经济业务的来龙去脉，也不便于检查账户记录的正确性和完整性。

二、复式记账法

（一）复式记账法的概念

复式记账法是指对于每一笔经济业务，都必须用相等的金额在两个或两个以上相互联系的账户中进行登记，全面系统地反映会计要素增减变化的一种记账方法。它是以会计的基本等式“资产＝负债＋所有者权益”为依据建立起来的一种科学记账方法。就像上述买冰激凌的第二种记账方式，口袋里的钱减少 10 元，冰激凌增加 10 元。举一个专业化的例子，企业用银行存款 30 万元购买设备，在复式记账法下，一方面在银行存款下登记减少 30 万元，另一方面在固定资产下登记增加 30 万元。相比单式记账法，复式记账法明显更加科学、严谨、全面，正因为如此，我国乃至世界各国的营利组织和非营利组织都普遍采用复式记账法来记录经济业务。

（二）复式记账法的优点

复式记账法与单式记账法相比，具有以下两个明显的优点。

1. 能够全面反映经济业务的内容和资金运动的来龙去脉

复式记账法对于发生的每一项经济业务，都要在两个或两个以上的账户中相互联系地进行分类记录。这样，通过账户记录不仅可以全面、清晰地反映经济业务的内容，而且能全面、系统地反映资金运动的过程和结果。

2. 能够进行试算平衡，便于查账和对账

由于每一项经济业务发生后，复式记账法都是以相等的金额在有关的账户中进行登记，因而可以对记录的结果进行试算平衡，以检查账户记录是否正确。

（三）复式记账法的种类

复式记账法根据记账符号不同，可以分为收付记账法、增减记账法和借贷记账法等。

1. 收付记账法

收付记账法以“收”和“付”作为记账符号，是我国传统的复式记账方法，目前已废止。

2. 增减记账法

增减记账法以“增”和“减”作为记账符号，我国在 20 世纪 60 年代至 80 年代采用此方法，目前也已废止。

3. 借贷记账法

借贷记账法以“借”和“贷”作为记账符号，是目前国际上通用的记账方法，我国《企业会计准则》也规定企业应当采用借贷记账法记账。

第二节 借贷记账法

一、借贷记账法的概念

借贷记账法是指以“借”和“贷”作为记账符号的一种复式记账方法。它起源于意大利，而“借”“贷”最初是针对借贷资本家来说的，表示债权债务的增减变动。借贷资本家对于收进的存款，记在贷主名下；对于付出的放款，记在借主名下。随着时间的推移，这两个字已经逐渐失去了其最初的含义，转化为纯粹的记账符号。

二、借贷记账法下账户的结构

（一）基本结构

在借贷记账法下，账户的左方称为借方，右方称为贷方。所有账户的借方和贷方相反方向记录增加数和减少数，即一方登记增加额，另一方就登记减少额。至于“借”表示增加，还是“贷”表示增加，则取决于账户的性质与所记录经济内容的性质。

通常而言，资产、成本和费用类账户的增加用“借”表示，减少用“贷”表示；负债、所有者权益和收入类账户的增加用“贷”表示，减少用“借”表示。备抵账户的结构与所调整账户的结构方向正好相反，例如，“累计折旧”账户是“固定资产”账户的备抵账户，“坏账准备”账户是“应收账款”账户的备抵账户，虽然这些备抵账户也是资产类账户，但账户的结构方向却是贷增、借减，余额通常在贷方。

> 【敲黑板】备抵科目，又称抵减账户，是指用来抵减被调整账户余额，以确定被调整账户实有数额而设置的独立账户。如“坏账准备”“累计折旧”“累计摊销”等账户。

（二）资产类和成本类账户的结构

在借贷记账法下，资产类、成本类账户的借方登记增加额，贷方登记减少额，期末若有余额一般在借方。资产类和成本类账户的结构如图 4-2-1 所示。

借方	资产类和成本类的账户 贷方
期初余额 本期增加额	本期减少额
期末余额	

图4-2-1 资产类和成本类账户的结构

其余额计算公式为：

期末借方余额＝期初借方余额＋本期借方发生额－本期贷方发生额

【例题】某企业的库存现金账户期初余额为 800 000 元，本期库存现金借方发生额合计为 200 000 元，本期库存现金贷方发生额合计为 400 000 元，则库存现金账户的期末余额为（　）。

『正确答案』账户结构如下所示，期末余额为 600 000 元。

借方	库存现金 贷方
期初余额 800 000 200 000	400 000
期末余额 600 000	

（三）负债类和所有者权益类账户结构

“资产＝负债＋所有者权益”这一会计等式，决定了负债类及所有者权益类账户的结构与资产类账户的结构正好相反。负债类和所有者权益类账户的贷方登记增加额，借方登记减少额，期末若有余额一般在贷方。负债类和所有者权益类账户的结构如图 4-2-2 所示。

借方	负债类和所有者权益类账户 贷方
本期减少额	期初余额 本期增加额
	期末余额

图4-2-2 负债类和所有者权益类账户的结构

其余额计算公式为：

期末贷方余额＝期初贷方余额＋本期贷方发生额－本期借方发生额

【例题】应付账款账户期初余额为 800 000 元，本期借方发生额合计为 100 000 元，本期贷方发生额合计为 200 000 元，则应付账款账户的期末余额为（　）。

『正确答案』账户结构如下所示，期末余额为 900 000 元。

应付账款

借方	贷方
100 000	期初余额 800 000
	200 000
	期末余额 900 000

【敲黑板】期末有余额的账户，余额的方向通常和表示增加的方向是一致的。

（四）损益类账户的结构

损益类账户主要包括收入类账户和费用类账户。损益类账户是为了计算损益而开设的，因而在会计期末，应将收入、费用全部转出，转到“本年利润”账户，以计算利润。

1. 收入类账户的结构

在借贷记账法下，收入类账户贷方登记收入的增加额，借方登记收入的减少额（包含转出数），结转后本账户无余额。收入类账户的结构如图 4-2-3 所示。

图4-2-3　收入类账户的结构

2. 费用类账户的结构

在借贷记账法下，费用类账户借方登记增加额，贷方登记减少额（包含转出数），结转后本账户无余额。费用类账户的结构如图 4-2-4 所示。

图4-2-4　费用类账户的结构

本期收入净额、本期费用净额在期末会转到“本年利润”科目，用以计算当期损益，结转后收入类科目和费用类科目均无余额。

【敲黑板】收入的取得和费用的发生，最终会导致所有者权益发生变化。收入的增加是所有者权益增加的因素，费用的增加是所有者权益减少的因素。这就决定了收入类账户的结构与所有者权益类账户的结构基本相同，费用类账户的结构与所有者权益类账户的结构相反。

【总结】账户性质与账户结构总结如表 4-2-1 所示。

表4-2-1　账户性质与账户结构总结

<table>
<tr><th colspan="2">账户性质</th><th>账户结构</th><th>期末余额</th><th>期末余额计算</th></tr>
<tr><td colspan="2">资产类、成本类</td><td>借增贷减</td><td>一般在借方，有些账户可能无余额</td><td>期末借方余额=期初借方余额+本期借方发生额−本期贷方发生额</td></tr>
<tr><td colspan="2">负债类、所有者权益类</td><td>贷增借减</td><td>一般在贷方，有些账户可能无余额</td><td>期末贷方余额=期初贷方余额+本期贷方发生额−本期借方发生额</td></tr>
<tr><td rowspan="2">损益类</td><td>收入类</td><td>贷增借减</td><td rowspan="2">期末将净额转入“本年利润”账户以计算当期损益，结转后无余额</td><td>—</td></tr>
<tr><td>费用类</td><td>借增贷减</td><td>—</td></tr>
</table>

三、借贷记账法的记账规则

借贷记账法的记账规则是“有借必有贷，借贷必相等”。任何经济业务的发生总会涉及两个或两个以上的相关账户，一方（或几方）记入借方，另一方（或几方）必须记入贷方，记入借方的金额等于记入贷方的金额。如果涉及多个账户，记入借方账户金额的合计数等于记入贷方账户金额的合计数。

【例题】用银行存款 1 000 元购买原材料。

该项经济业务一方面使资产类账户的“银行存款”减少 1 000 元，记入该账户的贷方；另一方面使资产类账户的“原材料”增加 1 000 元，记入该账户的借方，借贷金额相等。依据这两个账户的性质，T 型账户结构如图 4-2-5 所示。

图4-2-5　T型账户结构一

【例题】采购材料 2 000 元已入库，银行存款支付 1 500 元，余款未付。

该项经济业务一方面使资产类账户的“原材料”增加 2 000 元，记入该账户的借方；另一方面使负债类账户的“应付账款”增加 500 元，记入该账户的贷方，使资产类账户的“银行存款”减少 1 500 元，记入该账户的贷方，借贷合计金额相等。依据这两个账户的性质，T 型账户结构如图 4-2-6 所示。

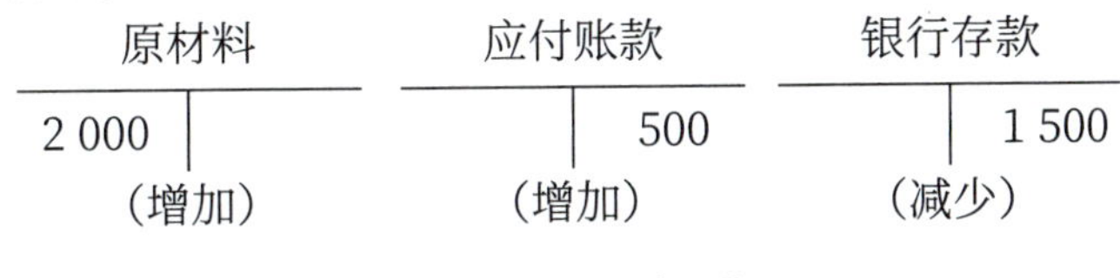

图4-2-6　T型账户结构二

四、借贷记账法下的账户对应关系与会计分录

（一）账户的对应关系

账户的对应关系是指采用借贷记账法对每笔交易或事项进行记录时，相关账户之间形成的应借、应贷的相互关系。存在对应关系的账户称为对应账户。通过会计账户的对应关系，可以了解经济业务的内容和资金运动的来龙去脉。

【例题】用银行存款 1 000 元购买原材料。由于原材料增加，应记入“原材料”账户的借方；银行存款减少，应记入“银行存款”账户的贷方。在该项经济业务中，“原材料”和“银行存款”账户形成应借、应贷的关系，即账户的对应关系。

（二）会计分录

1. 会计分录的含义

会计分录，简称“分录”，是对每项经济业务列示出应借、应贷的账户名称及其金额的一种记录。会计分录由应借应贷方向、相互对应的科目及其金额三个要素构成。在我国，会计分录记载于记账凭证中。

【例题】用银行存款 1 000 元购买原材料。

会计分录:

借：原材料　　　　　1 000

　　贷：银行存款　　　　　1 000

你觉得这个格式看起来有什么特点呢？我们将其总结为：先借后贷，上借下贷，借贷错位。

2. 会计分录的分类

按照所涉及账户的多少，会计分录分为简单会计分录和复合会计分录，二者的对比如表 4-2-2 所示。

表4-2-2　简单会计分录与复合会计分录的对比

项目	内容	举例
简单会计分录	只涉及一个账户借方和另一个账户贷方的会计分录，即一借一贷的会计分录	甲公司将 20 000 元现金存入银行。会计分录如下： 借：银行存款　　　　20 000 　　贷：库存现金　　　　20 000
复合会计分录	由两个以上（不含两个）对应账户组成的会计分录，即一借多贷、多借一贷或多借多贷的会计分录	甲公司购入一批原材料，价款 10 000 元，其中 6 000 元用银行存款支付，4 000 元尚未支付，假定不考虑增值税因素。会计分录如下： 借：原材料　　　　10 000 　　贷：银行存款　　　　6 000 　　　　应付账款　　　　4 000

在零基础入门阶段，读者主要掌握简单会计分录即可。在实际工作中，不允许将多项经济业务合并编制为复合会计分录，但若是一项经济业务，则可编制复合会计分录。

3. 会计分录的编制

一笔经济业务的会计分录应该如何来编制，在编制时我们应该如何分析呢？本书推荐读者使用“五步法”来分析经济业务和编制会计分录。

第一步，定科目：确定经济业务的发生涉及了哪些科目。

第二步，找类别：分析所涉及的科目属于哪类账户结构。

第三步，定方向：确定所涉及科目增加、减少情况和应记的借贷方向。

第四步，定金额：确定借贷方金额。

第五步，做分录：检查会计科目、金额是否正确，并做出会计分录。

【例题】用银行存款购买 10 000 元原材料。

第一步，定科目：　“原材料”　　“银行存款”

第二步，找类别：　　资产类　　　　资产类

第三步，定方向：　　↑借　　　　　↓贷

第四步，定金额：　10 000　　　　10 000

第五步，做分录：

借：原材料　　10 000

　　贷：银行存款　10 000

五、借贷记账法下的试算平衡

（一）试算平衡的含义

试算平衡是指根据借贷记账法的记账规则和资产与权益的恒等关系，通过对所有账户的发生额和余额的汇总计算和比较，来检查记录是否正确的一种方法。

（二）试算平衡的分类

试算平衡的方法包括发生额试算平衡和余额试算平衡两种。

1. 发生额试算平衡

发生额试算平衡的依据是借贷记账法“有借必有贷，借贷必相等”的记账规则，即全部账户本期借方发生额合计与全部账户本期贷方发生额合计保持平衡。

用公式表示为：

全部账户本期借方发生额合计＝全部账户本期贷方发生额合计

例如：

借　A　贷		借　B　贷		借　C　贷		借　D　贷	
100		200	100	300	200		300

全部账户本期借方发生额合计 600 ＝全部账户本期贷方发生额合计 600

本期发生额试算平衡是通过编制“本期发生额试算平衡表”来进行的。其格式如表 4-2-3 所示。

表4-2-3　本期发生额试算平衡表

单位：元

会计科目	本期借方余额	本期贷方余额
合计		

2. 余额试算平衡

余额试算平衡的依据是借贷记账法以“资产＝负债＋所有者权益”这一基本等式作为记账原理。根据余额发生的时间不同，可分为期初余额平衡和期末余额平衡。用公式表示为：

全部账户的借方期初余额合计＝全部账户的贷方期初余额合计

全部账户的借方期末余额合计＝全部账户的贷方期末余额合计

余额试算平衡是通过编制“余额试算平衡表”来进行的。其格式如表 4-2-4 所示。

表4-2-4　余额试算平衡表

单位：元

会计科目	本期借方发生额	本期贷方发生额
合计		

（三）试算平衡表的编制

试算平衡是通过编制试算平衡表进行的。试算平衡表通常是在期末结出各账户的本期发生额合计和期末余额后编制的，试算平衡表中一般应设置“期初余额”“本期发生额”“期末余额”三大栏目，其下分设“借方”和“贷方”两个小栏。各大栏中的借方合计与贷方合计应该平衡相等，否则便存在记账错误。为了简化表格，试算平衡表也可只根据各个账户的本期发生额编制，不填列各账户的期初余额和期末余额。试算平衡表的通常格式如表 4-2-5 所示。

表4-2-5　试算平衡表　　单位：元

会计科目	期初余额		本期发生额		期末余额	
	借方	贷方	借方	贷方	借方	贷方
银行存款						
应收账款						
……						
合计						

在会计实务中，通常是在月末进行一次试算平衡，既可以分别编制发生额试算平衡表和余额试算平衡表，也可以将两者合并编制成一张发生额及余额试算平衡表。下面通过一道例题来完整地说明。

【例题】202× 年 3 月初，“挡不住烧烤”公司的有关账户月初余额如表 4-2-6 所示。

表4-2-6　“挡不住烧烤”公司账户月初余额　　单位：元

会计科目	月初借方余额	月初贷方余额
银行存款	30 000	
应收账款	50 000	
原材料	40 000	
短期借款		40 000
应付账款		30 000
实收资本		50 000
合计	120 000	120 000

已知“挡不住烧烤”当月发生如下经济业务。

（1）收回应收账款 40 000 元并存入银行。

（2）用银行存款 20 000 元购入原材料（不考虑增值税），原材料已验收入库。

（3）用银行存款偿还短期借款 30 000 元。

（4）从银行借入 3 个月到期的借款 10 000 元偿还购入材料未付的款项。

（5）收到投资人追加的投资 50 000 元，存入银行（假定都是实收资本）。

（6）购入原材料价值 30 000 元，材料已入库，货款尚未支付。

要求：根据上述信息，编制会计分录，并编制试算平衡表。

根据第（1）～（6）项经济业务，编制会计分录如下：

（1）借：银行存款　　　　40 000
　　　　贷：应收账款　　　　40 000

（2）借：原材料　　　　　20 000
　　　　贷：银行存款　　　　20 000

（3）借：短期借款　　　　30 000
　　　　贷：银行存款　　　　30 000

（4）借：银行存款　　　　10 000
　　　　贷：短期借款　　　　10 000
　　借：应付账款　　　　10 000
　　　　贷：银行存款　　　　10 000

（5）借：银行存款　　　　50 000
　　　　贷：实收资本　　　　50 000

（6）借：原材料　　　　　30 000
　　　　贷：应付账款　　　　30 000

根据月初余额表以及上面的 6 笔分录，我们把相关信息登记在 T 型账中，在 202× 年 3 月 31 日结算出 3 月的本期借贷双方发生额及期末余额，如图 4-2-7 所示。

银行存款	
期初余额 30 000	
（1）40 000 （4）10 000 （5）50 000	（2）20 000 （3）30 000 （4）10 000
合计 100 000	合计 60 000
余额 70 000	

应收账款	
期初余额 50 000	
	（1）40 000
	合计 40 000
余额 10 000	

原材料	
期初余额 40 000	
（2）20 000 （6）30 000	
合计 50 000	
余额 90 000	

短期借款	
	期初余额40 000
（3）30 000	（4）10 000
合计30 000	合计10 000
	余额20 000

应付账款	
	期初余额30 000
（4）10 000	（6）30 000
合计10 000	合计30 000
	余额50 000

实收资本	
	期初余额50 000
	（5）50 000
	合计50 000
	余额100 000

图4-2-7　分录对应的T型账户

根据各账户的期初余额、本期发生额和期末余额编制账户试算平衡表，如表 4-2-7、表 4-2-8 所示。

表4-2-7　本期发生额试算平衡表　　202×年3月31日　单位：元

会计科目	本期发生额	
	借方	贷方
银行存款	100 000	60 000
应收账款		40 000
原材料	50 000	
短期借款	30 000	10 000
应付账款	10 000	30 000
实收资本		50 000
合计	190 000	190 000

表4-2-8　发生额及余额试算平衡表　　202×年3月31日　单位：元

会计科目	期初余额		本期发生额		期末余额	
	借方	贷方	借方	贷方	借方	贷方
银行存款	30 000		100 000	60 000	70 000	
应收账款	50 000			40 000	10 000	
原材料	40 000		50 000		90 000	
短期借款		40 000	30 000	10 000		20 000
应付账款		30 000	10 000	30 000		50 000
实收资本		50 000		50 000		100 000
合计	120 000	120 000	190 000	190 000	170 000	170 000

由表 4-2-7、表 4-2-8 得知，本期借方发生额合计数等于本期贷方发生额合计数；本期借方期末余额等于本期贷方期末余额。但是在编制试算平衡表时，应注意以下几点。

（1）必须保证所有账户的余额均已记入试算平衡表。缺少任何一个账户的余额，都会造成期初或期末借方余额合计数与贷方余额合计数不相等。

（2）如果试算平衡表借贷不相等，肯定是账户记录有错误，应认真查找，直到实现平衡为止。

（3）即便实现了有关三栏的平衡关系，也不能说明账户记录就绝对正确，因为有些错误并不会影响借贷双方的平衡关系。

①重记某项经济业务，使本期借贷双方的发生额等额虚增。

②漏记某项经济业务，使本期借贷双方的发生额等额减少。

③某项经济业务在账户记录中，颠倒了记账方向。

④某项经济业务记错有关账户。

⑤某项经济业务记录的应借、应贷科目正确，但借贷双方金额同时多记或少记，且金额一致。

⑥某借方或贷方发生额中，偶然发生多记和少记并相互抵销。

CHAPTER 5

第五章 色彩斑斓的借贷世界

本章是全书最重要、内容最多、难度最大的章节，也是读者零基础会计入门的真正“拦路虎”，希望读者能做好充分的心理准备。本章主要介绍企业在借贷记账法下常见的账务处理，学习本章时，要准确掌握所涉及账户的性质、结构和用途，对于经济业务的会计处理要多思考背后的原理。

第一节　企业主要经济业务介绍

如果朋友找你合伙开一家公司，你知道一家公司会经历怎样的经济业务流程吗？不同的企业会拥有不同的经济业务特点，相对应的生产经营流程也不尽相同。本章继续站在工业企业的角度，主要介绍企业的资金筹集、设备购置、材料采购、产品生产、商品销售、期间费用和利润形成与分配等经济业务。

一、资金筹集业务

企业的成立，首先必须筹集到相应规模的资金，这也即所谓“兵马未动，粮草先行”。企业所需资金主要有两个筹集渠道，一是所有者（股东）依法向企业投入资本，形成企业的实收资本或股本；二是向债权人借款，形成企业的负债。

二、设备购置业务

当有了运转资金之后，企业能否立刻投入生产？显然是不行的，企业生产商品所需的厂房、

第五章

设备还没有，所以得先把它们配齐。

三、材料采购业务

“巧妇难为无米之炊”，厂房有了，设备也有了，可生产商品必需的原材料还没有。那就赶紧把生产商品所需的各种原材料购入企业，千万别耽误了生产。

四、产品生产业务

当一切准备就绪，接下来就是大刀阔斧地生产了。企业能不能长远发展，能不能在市场站稳脚跟，就看产品好不好了，所以这一过程至关重要。

五、商品销售业务

“酒香不怕巷子深”的时代已经过去了，再好的商品如果销售宣传力度不到位，也只能是白白浪费了这么好的产品。销售环节是企业生产经营活动的最后一个环节，企业通过销售商品从买方取得货币资金，然后可以继续扩大生产，以“滚雪球”的方式来发展企业。

六、期间费用业务

期间费用是指企业日常活动中发生的不能直接归属于某个特定成本核算对象，应直接记入当期损益的各种费用。

七、利润形成与分配业务

看着企业办得红红火火，那么大家最关心的一定是企业赚了多少钱。利润是企业得以维持再生产的基础，换句话说，如果企业挣不到钱，那么关门是迟早的事。

企业各项经济业务的逻辑顺序如图 5-1-1 所示。

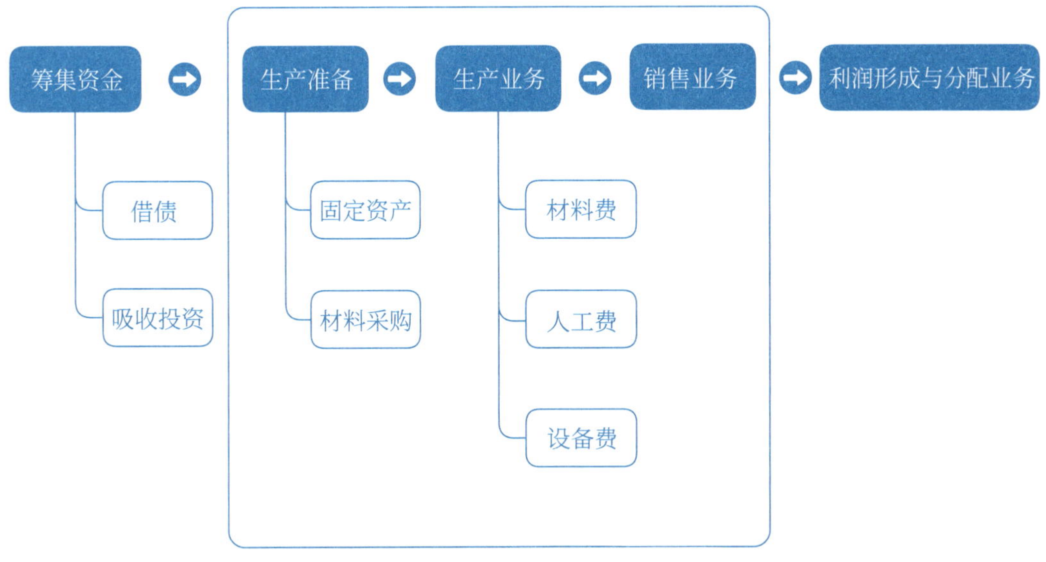

图5-1-1 企业各项经济业务的逻辑顺序

第二节 资金筹集业务的核算

企业的资金筹集业务按其资金来源通常可分为所有者权益筹资和负债筹资。

所有者权益筹资形成所有者的权益（通常称为权益资本），包括投资者的投资及其增值。这部分资本的所有者既享有企业的经营收益，也承担企业的经营风险。所有者向企业投入的资本，在一般情况下无须偿还，可供企业长期周转使用，是企业重要的长期资金来源之一。

负债筹资形成债权人的权益（通常称为债务资本），主要包括企业向债权人借入的资金和结算形成的负债资金等，这部分资本的所有者享有按约收回本金和利息的权利。

一、所有者权益筹资业务

（一）所有者投入资本的构成

所有者投入资本的构成如图 5-2-1 所示。

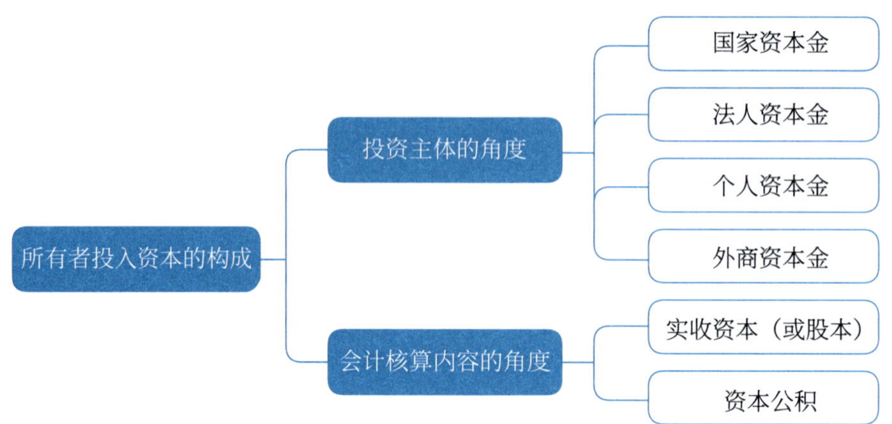

图5-2-1　所有者投入资本的构成

从投资主体角度的分类并不是本书研究的重点，本书重点从会计核算内容的角度进行介绍。从会计核算内容的角度来看，所有者投入的资本主要包括实收资本（或股本）和资本公积。

实收资本（或股本）是指企业的投资者按照企业章程、合同或协议的约定，实际投入企业的资本金，以及按照有关规定由资本公积、盈余公积等转增资本的资金。《中华人民共和国公司法》规定，股东可以用货币出资，也可以用实物、知识产权、土地使用权等可以用货币估价并可以依法转让的非货币财产作价出资。

资本公积是企业收到投资者出资额超出其在注册资本（或股本）中所占份额的部分，以及其他资本公积等。对于新成立的企业，投资者的出资额一般全部作为实收资本入账，投资者按出资比例享有权利并承担义务。但在未来如果有新的投资者加入时，为了维护原有投资者的权益，新加入的投资者的出资额通常要大于其在注册资本中所占份额，这部分多出的数额称为资本溢价（或股本溢价）。资本公积作为所有者权益的重要组成部分，主要用于转增资本。

【例题】甲、乙、丙共同投资设立 A 有限责任公司，注册资本为 2 000 000 元，甲、乙、丙持股比例分别为 60%、25% 和 15%。按照章程规定，甲、乙、丙投入资本分别为 1 200 000 元、500 000 元和 300 000 元。A 公司已如期收到各投资者一次缴足的款项。

借：银行存款　　　　2 000 000

　　贷：实收资本——甲　　　　1 200 000

　　　　　　　　——乙　　　　500 000

　　　　　　　　——丙　　　　300 000

【延伸】一年之后如果有丁准备加入，同意出资 500 000 元，其中实收资本为 250 000 元。则 A 公司应当编制的会计分录为：

借：银行存款　　　　500 000

贷：实收资本——丁　　　　　250 000
　　资本公积——资本溢价　　250 000

（二）账户设置

企业通常设置以下账户对所有者权益筹资业务进行核算。

1.“实收资本（或股本）”账户

为了反映和监督企业接受投资者投入资本情况，企业需要设置“实收资本”账户，如果企业是股份有限公司，则应将该账户改为“股本”账户。“实收资本（或股本）”账户属于所有者权益类账户，该账户按投资者的不同设置明细账户，进行明细核算。

“实收资本”账户贷方登记企业实际收到的投资者投入的资本额，表示增加；借方登记按法定程序减少的资本额，表示减少；期末余额在贷方，反映企业期末实收资本总额。一般情况下，除企业将资本公积、盈余公积转作资本外，该账户数额不能随意变动。“实收资本”账户的结构和内容如图 5-2-2 所示。

借方　　实收资本	贷方
	期初余额
按法定程序减少的注册资本额	投资者投入的注册资本额 以资本公积或盈余公积转增资本的金额
	期末实收资本总额

图5-2-2　“实收资本”账户的结构和内容

“股本”账户与“实收资本”账户类似，也属于所有者权益类账户，贷方登记股本的增加额，借方登记股本的减少额，期末余额在贷方，反映企业期末股本的总额。

2.“资本公积”账户

“资本公积”账户属于所有者权益类账户，用以核算企业资本公积的取得和使用情况。该账户贷方登记从不同渠道取得的资本公积，表示资本公积增加；借方登记企业按规定转增注册资本的数额，表示减少；期末余额在贷方，表示资本公积的结余数。

资本公积是指投资者投入但不能构成实收资本的投资，主要是投资者的出资超出其在注册资本或股本中所占份额的部分，即资本溢价或股本溢价。资本公积并不经过法定的注册，所以它归属不明确，由全体投资者共同享有，也不能将其进行利润分配，只有在经过法定程序转增资本后才具有注册资本的性质，因此，它属于准资本或资本储备。“资本公积”账户的结构和内容如图 5-2-3 所示。

借方	资本公积 贷方
	期初余额
以资本公积转增注册资本的数额	投资者的出资超出其在注册资本或股本中所占份额的部分 增加的其他资本公积
	期末资本公积结余数额

图5-2-3 “资本公积”账户的结构和内容

3.“银行存款”账户

“银行存款”账户属于资产类账户，用来核算企业存入银行或其他金融机构的各种款项的增减变动情况。该账户应当按照开户银行、存款种类等分别进行明细核算。

该账户借方登记存入开户银行的款项，表示增加；贷方登记提取或支出的存款，表示减少；期末余额在借方，表示银行存款的实际结存数额。“银行存款”账户的结构和内容如图 5-2-4 所示。

借方	银行存款 贷方
期初余额	
企业存入的款项	企业提取或支出的款项
期末实存款项	

图5-2-4 “银行存款”账户的结构和内容

需要提醒读者注意的是：支票的核算通过“银行存款”账户核算。银行汇票存款、银行本票存款、信用卡存款、信用证保证金存款、存出投资款、外埠存款等，通过“其他货币资金”账户核算，并不通过“银行存款”账户核算。

（三）账务处理

1. 接受现金资产投资的账务处理

（1）除股份有限公司以外的公司接受现金资产投资，其会计分录记录如下：

借：银行存款等（实际收到的金额）

　　贷：实收资本（按投资合同或协议约定的投资者在企业注册资本中所占份额的部分）

　　　　资本公积——资本溢价（两者之间的差额）

【例题】甲公司（有限责任公司）收到乙公司投资 450 000 元，款项已存入银行。按照双方的约定，其中的 40 000 元记入实收资本。甲公司应编制如下会计分录：

借：银行存款　　　　　　　　　　450 000

　　贷 : 实收资本——A 公司　　　　　　400 000

　　　　资本公积——资本溢价　　　　　　50 000

（2）股份有限公司接受现金资产投资，其会计分录记录如下：

借：银行存款

　　贷：股本（按每股股票面值和发行股份总数的乘积计算的金额）

　　　　资本公积——股本溢价（两者之间的差额）

【例题】乙股份有限公司发行普通股 10 000 000 股，每股面值 1 元，每股发行价格 5 元。假定股票发行成功，股款 50 000 000 元已全部收到，不考虑发行过程中的税费等因素。乙股份有限公司应做如下账务处理：

借：银行存款　　　　　　　　　50 000 000

　　贷：股本　　　　　　　　　　　　　10 000 000

　　　　资本公积——股本溢价　　　　　40 000 000

股份有限公司发行股票支付的手续费、佣金等发行费用，如果属于溢价发行（发行价格大于面值）的，发行费用应从溢价收入中扣除，冲减“资本公积——股本溢价”科目；溢价金额不足冲减的，或者属于按面值发行无溢价的，依次冲减盈余公积和未分配利润，即按照如下分录中①②③的顺序冲减。

借：资本公积——股本溢价①

　　　　　　　盈余公积②

　　利润分配——未分配利润③

　　贷：银行存款

【例题】乙股份有限公司首次公开发行普通股 50 000 000 股，每股面值 1 元，每股发行价格 4 元。乙股份有限公司与证券公司约定，按发行收入的 3% 收取佣金，从发行收入中扣除。假定收到的股款已存入银行。

佣金＝ 50 000 000×4×3% ＝ 6 000 000（元）

借：银行存款　　　　　　　　200 000 000

　　贷：股本　　　　　　　　　　　　　50 000 000

　　　　资本公积——股本溢价　　　　150 000 000

借：资本公积——股本溢价　　　　6 000 000

　　贷：银行存款　　　　　　　　　　　6 000 000

2. 接受非现金资产投资的账务处理

企业接受投资者作价投入的非现金资产（固定资产、无形资产、原材料等），应按照投资合同或协议约定价值确定资产的入账价值（但投资合同或协议约定价值不公允的除外）和在注册资本（或股本）中应享有的份额。如果资产价值超过其在注册资本(或股本)中所占份额的部分，应当记入“资本公积——资本溢价（或股本溢价）”科目。

借：固定资产、无形资产、原材料等（按合同或协议约定的价值入账，不公允的除外）
　　应交税费——应交增值税（进项税额）
　　贷：实收资本（或股本）（按约定的投资份额入账）
　　　　资本公积——资本溢价（或股本溢价）（倒挤差额）

【例题】丙有限责任公司于设立时收到甲公司作为资本投入的非专利技术一项，该非专利技术投资合同约定价值为 60 000 元，同时收到乙公司作为资本投入的土地使用权一项，投资合同约定价值为 80 000 元。丙公司的会计分录处理如下：

借：无形资产——非专利技术　　60 000
　　　　　　——土地使用权　　80 000
　　贷：实收资本——A 公司　　60 000
　　　　　　　　——B 公司　　80 000

【例题】乙有限责任公司于设立时收到 B 公司作为资本投入的原材料一批，原材料投资合同或协议约定价值（不含可抵扣的增值税进项税额部分）为 100 000 元，增值税进项税额为 13 000 元（由投资方支付税款，并提供或开具增值税专用发票），B 公司已开具了增值税专用发票。假设合同约定价值与公允价值相符。乙公司的会计分录处理如下：

收到材料投资——考虑进项税额

借：原材料　　100 000
　　应交税费——应交增值税（进项税额）　　13 000
　　贷：实收资本——B 公司　　113 000

3. 所有者权益转资、撤资业务

（1）转资业务。资本公积、盈余公积都可以转增资本，在转增时要注意按照原投资者各自的出资比例相应增加各投资者的出资额。

【例题】某有限责任公司按法定程序办妥增资手续，以资本公积 200 000 元转增资本，同时将盈余公积 300 000 元转增资本。假定不考虑其他因素，该企业应该编制的会计分录如下：

借：资本公积　　200 000
　　盈余公积　　300 000
　　贷：实收资本　　500 000

（2）减资业务。

①非股份有限公司按法定程序报经批准减少注册资本的，按减少的注册资本金额直接减少实收资本。会计分录如下：

借：实收资本——××

　　贷：银行存款

②股份有限公司的减资业务分为两个步骤，第一步先回购自己的股份，第二步紧接着注销股份。

股份有限公司采用回购本公司股票方式减资的，通过“库存股”科目核算回购股份的金额，按注销股票的面值总额减少股本，回购股票支付的价款超过面值总额的部分，依次冲减“资本公积——股本溢价”“盈余公积”“利润分配——未分配利润”科目；如果回购股票支付的价款低于面值总额，所注销库存股的账面余额与所冲减股本的差额作为增加“资本公积——股本溢价”处理。

【例题】甲上市公司202×年12月31日的股本为100 000 000股，面值为1元，资本公积（股本溢价）30 000 000元，盈余公积40 000 000元。甲公司以现金回购本公司股票20 000 000股并注销。假定甲公司按每股0.9元回购股票。

（1）回购本公司股份。

“库存股”科目＝20 000 000×0.9＝18 000 000（元）

借：库存股　　18 000 000

　　贷：银行存款　　18 000 000

（2）注销本公司股份。

借：股本　　20 000 000

　　贷：库存股　　18 000 000

　　　　资本公积——股本溢价　　2 000 000

【例题】承接上例，假定A公司按每股3元回购股票，其他条件不变（资本公积——股本溢价30 000 000元，盈余公积40 000 000元）。

（1）回购股份。

“库存股”科目＝20 000 000×3＝60 000 000（元）

借：库存股　　60 000 000

　　贷：银行存款　　60 000 000

（2）注销本公司股份

借：股本　　20 000 000

　　资本公积——股本溢价　　30 000 000

盈余公积　　　　　　　　10 000 000

贷：库存股　　　　　　　　　　60 000 000

二、负债筹资业务

（一）负债筹资的构成

负债筹资的构成如图 5-2-5 所示。

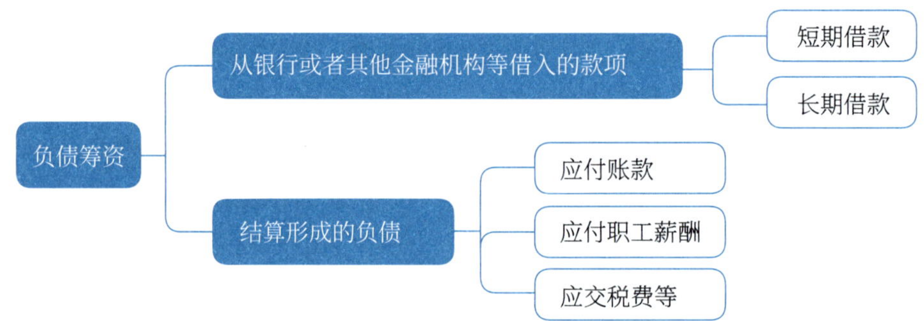

图5-2-5　负债筹资的构成

短期借款是指企业为了满足其生产经营对资金的临时性需要而向银行或其他金融机构等借入的偿还期限在一年以内（含一年）的各种借款。长期借款是指企业向银行或其他金融机构等借入的偿还期限在一年以上（不含一年）的各种借款。短期借款和长期借款都是从银行或者其他金融机构等借入的款项，企业之间的欠款，不属于短期借款或者长期借款。

结算形成的负债主要有应付账款、应付职工薪酬、应交税费等，在本章后面的内容中我们将会逐一介绍。

（二）账户设置

企业通常设置以下账户对负债筹资业务进行会计核算。

1.“短期借款”账户

“短期借款”账户属于负债类账户，用以核算企业的短期借款。

该账户贷方登记借入的各种短期借款，表示增加；借方登记到期归还的各种短期借款，表示减少；期末余额在贷方，表示尚未偿还的短期借款额。短期借款一般按借款种类、贷款人和币种进行明细核算。“短期借款”账户的结构和内容如图 5-2-6 所示。

借方	短期借款　　　贷方
	期初余额
企业到期归还的短期借款	企业借入的各种短期借款
	期末企业尚未偿还的短期借款

图5-2-6　“短期借款”账户的结构和内容

2.“长期借款”账户

“长期借款”账户属于负债类账户，可按债权人单位和借款种类开设明细账。

该账户贷方登记企业借入的长期借款本金、计提的到期一次还本付息的长期借款的利息及利息调整；借方登记企业归还的本金、支付的到期一次还本付息的长期借款的利息及利息调整；期末余额在贷方，表示尚未归还的长期借款本息。“长期借款”账户的结构和内容如图 5-2-7 所示。

借方	长期借款　　　贷方
	期初余额
企业归还的长期借款的本金 支付的到期一次还本付息的长期借款的利息及利息调整	企业借入的长期借款本金 计提的到期一次还本付息的长期借款的利息及利息调整
	期末企业尚未偿还的长期借款

图5-2-7　“长期借款”账户的结构和内容

3.“应付利息”账户

“应付利息”账户属于负债类账户，用以核算企业按照合同约定应支付的利息，包括按月计提的短期借款利息、吸收存款、分期付息到期还本的长期借款、企业债券等应支付的利息。

该账户贷方登记企业按合同利率计算确定的应付未付利息，表示增加；借方登记实际归还的利息额，表示减少；期末余额在贷方，表示应付未付的借款利息。企业一般按放款单位设置明细账。“应付利息”账户的结构和内容如图 5-2-8 所示。

借方	应付利息 贷方
	期初余额
企业实际归还的利息	企业按合同利率计算的应付未付利息
	期末企业应付未付利息

图5-2-8 “应付利息”账户的结构和内容

4.“财务费用”账户

“财务费用”账户属于损益类账户，用以核算企业为筹集生产经营所需资金等而发生的筹资费用，包括利息支出（减利息收入）、汇兑损益以及相关的手续费、企业发生的现金折扣或收到的现金折扣等。为购建或生产满足资本化条件的资产发生的应予资本化的借款费用，通过“在建工程”“制造费用”等账户核算。

该账户借方登记手续费、利息费用等财务费用的增加额，贷方登记应冲减财务费用的利息收入以及期末结转入“本年利润”账户的财务费用净额等。期末结转后，该账户无余额。“财务费用”账户的结构和内容如图 5-2-9 所示。

借方	财务费用 贷方
企业发生的各种筹资费用	应冲减财务费用的利息收入 期末结转到“本年利润”账户的金额

图5-2-9 “财务费用”账户的结构和内容

> 【敲黑板】财务费用和应付利息，都用来核算利息支出。实际上，它们就是一个事物的两个方面。一方面，反映企业应支付的利息增加了；另一方面，利息的增加导致了财务费用的增加，反映了资金运动的来龙去脉。

（三）账务处理

短期借款的账务处理如下。

1. 短期借款借入和归还的账务处理

（1）企业从银行或其他金融机构取得短期借款。

借：银行存款

　　贷：短期借款

（2）企业短期借款到期偿还本金。

借：短期借款

　　贷：银行存款

2. 计提短期借款利息以及支付利息的账务处理

（1）企业的短期借款利息一般采用月末预提的方式进行核算。短期借款利息属于筹资费用，应记入“财务费用”科目。企业应当在资产负债表日按照计算确定的短期借款利息费用，做出如下会计分录：

借：财务费用

　　贷：应付利息

（2）实际支付利息时，可做如下会计分录：

借：应付利息（支付前期已经计提的利息）

　　财务费用（支付当期的利息）

　　贷：银行存款

【例题】甲股份有限公司于202×年1月1日为维持生产经营所需向银行借入一笔短期借款，共计100 000元，期限为6个月，年利率为6%。根据与银行签署的借款协议，该项借款的本金到期后一次归还，利息分月预提，按季支付。甲股份有限公司的有关会计分录处理如下。

（1）1月1日借入短期借款。

借：银行存款　　100 000

　　贷：短期借款　　100 000

（2）1月末，计提1月应付利息：100 000×6%÷12＝500（元）。

借：财务费用　　500

　　贷：应付利息　　500

2月末计提利息的计算与会计处理和1月末完全一样。

（3）3月末支付第一季度银行借款利息。

　　借：应付利息　　1 000

　　　　财务费用　　500

　　　　贷：银行存款　　1 500

第二季度的会计处理等同于第一季度。

（4）7月1日偿还银行借款本金。

借：短期借款　　100 000

　　贷：银行存款　　100 000

第三节　固定资产业务的核算

一、固定资产概述

（一）固定资产的概念与特征

固定资产是指为生产商品、提供劳务、出租或经营管理而持有的、使用寿命超过一个会计年度的有形资产。

从其概念可以看出，固定资产同时具有以下特征。

1. 固定资产属于有形资产

固定资产具有实物形态，必须能看得见、摸得着，这一特征将固定资产与无形资产区分开来。有些资产可能同时满足固定资产的其他所有特征，但由于没有实物形态，因而不能确认为固定资产，而应确认为无形资产，如专利权等。

2. 固定资产为生产商品、提供劳务、出租或经营管理而持有

企业持有固定资产一定是为了“自用”，换言之不是为了出售。如果为了出售而持有一项资产，如房地产商持有的房子、汽车商持有的汽车，那它们应该作为企业的“存货”来核算，不能确认为固定资产。

3. 使用寿命超过一个会计年度

固定资产的使用寿命，是指企业使用该固定资产的预计期间，或者所能生产商品、提供劳务的数量。固定资产的使用寿命超过一个会计年度，表明固定资产属于长期资产。

（二）固定资产的分类

1. 按经济用途分类

按经济用途分类，固定资产可分为生产经营用固定资产和非生产经营用固定资产。

2. 按使用情况分类

按使用情况分类，固定资产可分为以下几类。

（1）不需用固定资产。

（2）未使用固定资产。

（3）租出固定资产（经营租赁方式出租）。

（4）租入固定资产（除短期租赁和低价值租赁外的）。

（5）土地（指过去已经估价单独入账的土地）。

二、固定资产的成本

固定资产的成本是指企业购建某项固定资产达到预定可使用状态前所发生的一切合理、必要的支出。

企业可以通过外购、自行建造、投资者投入、非货币性资产交换、债务重组、企业合并和融资租赁等方式取得固定资产。取得的方式不同，固定资产成本的具体构成内容及其确定方法也不尽相同。

(1) 外购的固定资产，以购买价款、相关税费、使固定资产达到预定可使用状态前所发生的可归属于该项资产的运输费、装卸费、安装费和专业人员服务费等作为其入账价值。

若企业以一笔款项购入多项没有单独标价的固定资产，应将各项资产单独确认为固定资产，并按各项固定资产公允价值的比例对总成本进行分配，分别确定各项固定资产的成本。

【例题】甲企业为增值税一般纳税人，购入生产用设备一台，增值税专用发票上注明价款10万元，增值税1.3万元，发生运费取得增值税专用发票注明运费0.5万元，增值税0.045万元，发生保险费取得增值税专用发票注明保险费0.3万元，增值税0.018万元，该设备取得时的成本为多少万元？

由于增值税一般纳税人取得增值税专用发票，其进项税额可以抵扣。因此该设备取得时的成本＝10＋0.5＋0.3＝10.8（万元）。

(2) 自行建造的固定资产，以建造该固定资产达到预定可使用状态前所发生的全部支出作为其入账价值。

(3) 投资者投入的固定资产，应按照投资合同或协议约定的价值确定固定资产的价值，但投资合同或协议约定的价值不公允的除外。

其余方式取得固定资产的入账成本并不是本章讨论的重点，此处不再介绍。

三、固定资产的折旧

（一）折旧的概念

对于时间的流逝，孔子也曾发出“逝者如斯夫，不舍昼夜”的感叹。这是客观存在的自然规律，亘古不变。时间总是在慢慢地流淌，而人也都在慢慢地老去。

会计上，资产也会衰老，其价值随着资产的使用越来越小，这就需要对资产计提折旧，即在资产使用寿命内逐年分摊成本。

固定资产折旧是指在固定资产使用寿命内，按照确定的方法对应计折旧额进行系统分摊。其中，应计折旧额是指应当计提折旧的固定资产的原价扣除其预计净残值后的金额。已计提减值准备的固定资产，还应当扣除已计提的固定资产减值准备累计金额。用公式表示为：

应计折旧额=固定资产原价－预计净残值－固定资产减值准备

（二）影响固定资产折旧的因素

影响固定资产折旧的因素如表 5-3-1 所示。

表5-3-1 影响固定资产折旧的因素

序号	因素	描述
1	原价	原价也称为原值，是指固定资产的成本
2	预计使用寿命	企业使用固定资产的预计期间，或者该固定资产所能生产产品或提供劳务的数量
3	预计净残值	资产处置中获得的扣除预计处置费用后的金额
4	减值准备	已计提的固定资产减值准备累计金额

【敲黑板】三个概念之间的区别：

固定资产账面余额=固定资产的账面原价（原值）

固定资产账面净值=固定资产原值－累计折旧

固定资产账面价值=固定资产原值－累计折旧－固定资产减值准备=固定资产账面净值－固定资产减值准备

预计净残值是指假定固定资产的预计使用寿命已满并处于使用寿命终了时的预期状态，企业目前从该项资产的处置中获得的扣除预计处置费用后的金额。企业应当根据固定资产的性质和使用情况，合理确定固定资产的预计净残值。预计净残值一经确定，不得随意变更。预计净残值率是指固定资产预计净残值额占其原价的比率。

“累计折旧”与“净残值”的图解如图 5-3-1 所示。

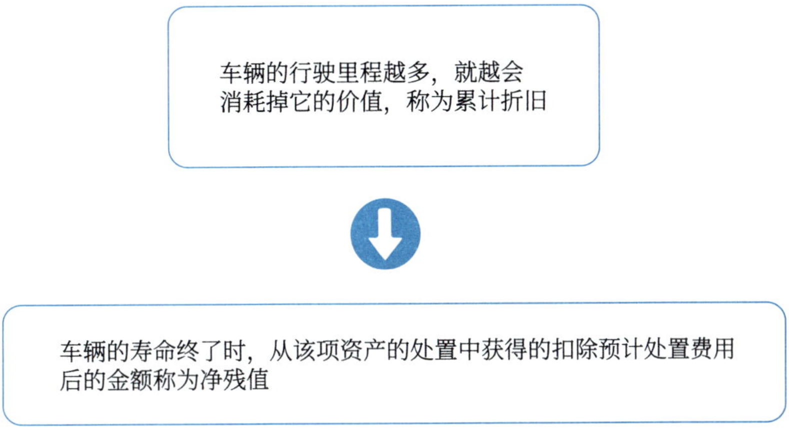

车辆的行驶里程越多，就越会消耗掉它的价值，称为累计折旧

车辆的寿命终了时，从该项资产的处置中获得的扣除预计处置费用后的金额称为净残值

图5-3-1　“累计折扣”与“净残值”图解

（三）固定资产折旧的范围

1. 时间范围

（1）固定资产应当按月计提折旧。具体来说，当月增加的固定资产，当月不计提折旧，从下月起计提折旧；当月减少的固定资产，当月仍计提折旧，从下月起不提折旧。总结成一句话就是：“当月增加下月提，当月减少当月照提。”

（2）已达到预定可使用状态但尚未办理竣工决算的固定资产，应当按照估计价值确定其成本，并计提折旧；待办理竣工决算后，再按实际成本调整原来的暂估价值，但不需要调整原已计提的折旧额（估计入账，折旧既往不咎）。

2. 空间范围

除以下情况外，企业应当对所有固定资产计提折旧。

（1）已提足折旧仍继续使用的固定资产（固定资产提足折旧后，不论能否继续使用，均不再计提折旧）。

（2）单独计价入账的土地。

（3）持有待售的固定资产。

（4）提前报废的固定资产。

（5）固定资产在改扩建期间。

【思考 1】已达到预定可使用状态但尚未办理竣工决算的固定资产，计提折旧吗？

【答】应当计提。已达到预定可使用状态但尚未办理竣工决算的固定资产，应当确认为固定资产，所以应计提折旧。

【思考 2】处于改扩建期间（更新改造期间）停止使用的固定资产，计提折旧吗？

【答】不计提。处于更新改造过程停止使用的固定资产，应将其账面价值转入在建工程，不再计提折旧。更新改造项目达到预定可使用状态转为固定资产后，再按照重新确定的使用寿命、预计净残值和折旧方法计提折旧。

【思考 3】固定资产定期大修理或日常修理期间计提折旧吗？

【答】计提。仍确认为固定资产，没有转入在建工程。

【思考 4】未使用、不需用的固定资产计提折旧吗？

【答】计提。属于固定资产，其折旧记入管理费用。

（四）固定资产计提折旧的方法

企业应当根据与固定资产有关的经济利益的预期实现方式，合理选择折旧方法。折旧方法一经选定，不得随意变更。固定资产计提折旧的方法如图 5-3-2 所示。

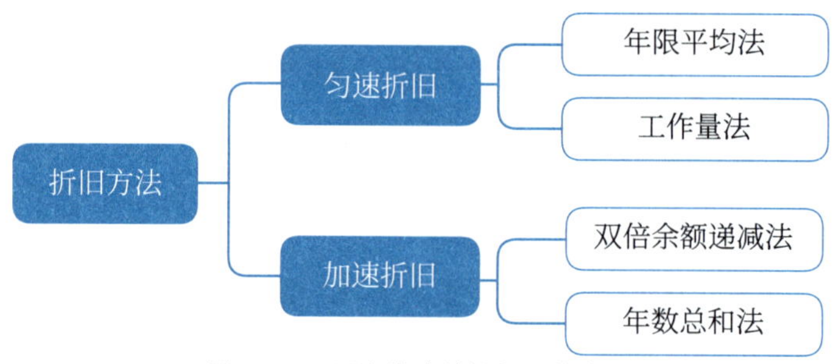

图5-3-2 固定资产计提折旧的方法

1. 年限平均法

年限平均法又称直线法，是指将固定资产的应计折旧额均匀地分摊到固定资产预计使用寿命内的一种方法。使用这种方法计算的每期折旧额相等。其计算公式为：

年折旧率 ＝（1 －预计净残值率）÷ 预计使用寿命（年）× 100%

月折旧率＝年折旧率 ÷12

月折旧额＝固定资产原价 × 月折旧率

或：月折旧额＝固定资产原价 ×（1 －预计净残值率）÷ 预计使用寿命（月）

【例题】某企业外购一台设备，原值为 720 000 元，预计可使用 20 年，预计该设备报废时的净残值率为 4%。该设备的折旧率和月折旧额的计算如下：

年折旧率＝（1 － 4%）÷20 ＝ 4.8%

月折旧率＝ 4.8%÷12 ＝ 0.4%

月折旧额＝ 720 000×0.4% ＝ 2 880（元）

或：月折旧额＝ 720 000×（1 － 4%）÷240 ＝ 2 880（元）

2. 工作量法

工作量法是根据实际工作量计提固定资产折旧额的一种方法。这种方法弥补了年限平均法只注重使用时间，不考虑使用强度的缺点。其基本计算公式为：

单位工作量折旧额 = [固定资产原价 ×（1 －预计净残值率）]÷ 预计总工作量

某项固定资产月折旧额 =该项固定资产当月工作量 × 单位工作量折旧额

【例题】甲公司的一辆运货卡车的原价为 600 000 元，预计总行驶里程为 500 000 公里，预计报废时的净残值率为 5%，本月行驶 4 000 公里。该辆汽车的月折旧额计算如下：

单位里程折旧额= 600 000×（1 － 5%）÷500 000 = 1.14（元 / 公里）

本月折旧额= 4 000×1.14 = 4 560（元）

3. 双倍余额递减法

双倍余额递减法是指在不考虑固定资产预计净残值的情况下，根据每期期初固定资产原价减去累计折旧后的余额和双倍的直线折旧率计算固定资产折旧的一种方法。

采用双倍余额递减法计提固定资产折旧，一般应在固定资产使用寿命到期前两年内，将固定资产账面净值扣除预计净残值后的余额平均摊销。其计算公式如下：

年折旧率 = 2÷ 预计使用年限 ×100%（年限平均法下折旧率的 2 倍）

年折旧额=每个折旧年度年初固定资产账面净值 × 年折旧率

账面净值=固定资产原值－累计折旧

【例题】202× 年 11 月 11 日，甲公司外购设备原价为 100 万元，预计使用年限为 5 年，预计净残值为 0.4 万元。采用双倍余额递减法计提折旧，每年的折旧额计算如下：

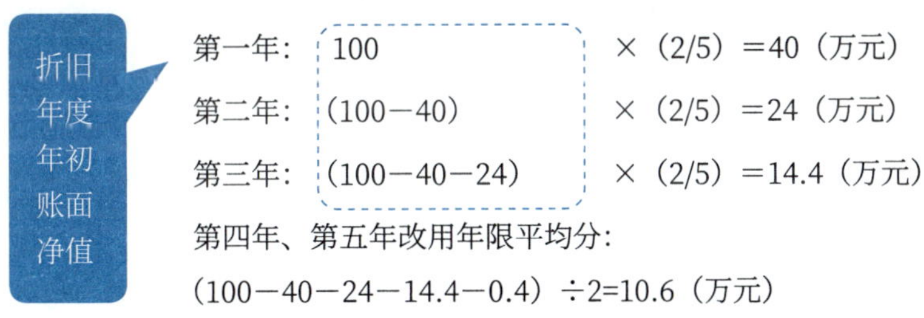

4. 年数总和法

年数总和法又称年限合计法，是指将固定资产的原价减去预计净残值后的余额，乘以一个逐年递减的分数计算每年的折旧额。其计算公式为：

年折旧率=尚可使用年限 ÷ 预计使用年限的年数总和 ×100%

年折旧额=（固定资产原值－预计净残值）× 年折旧率

【例题】202× 年 11 月 11 日，A 公司外购设备买价为 100 万元，预计使用年限为 5 年，预计净残值为 0.4 万元，采用年数总和法计提折旧，每年的折旧额计算如下：

年数合计为：1＋2＋3＋4＋5＝15

第一年：（100－0.4）×（5÷15）＝33.2（万元）

第二年：（100－0.4）×（4÷15）＝26.56（万元）

第三年：（100－0.4）×（3÷15）＝19.92（万元）

第四年：（100－0.4）×（2÷15）＝13.28（万元）

第五年：（100－0.4）×（1÷15）＝6.64（万元）

不同的固定资产折旧方法，影响固定资产使用寿命内不同时期的折旧费用，但应计折旧总额是不变的。固定资产在其使用过程中，因所处经济环境、技术环境以及其他环境均有可能发生很大变化，企业至少应当于每年年度终了，对固定资产的使用寿命、预计净残值和折旧方法进行复核。固定资产使用寿命、预计净残值和折旧方法的改变，应当作为会计估计变更。

四、账户设置

企业通常设置以下账户对固定资产业务进行会计核算。

（一）“在建工程”账户

“在建工程”账户属于资产类账户，用以核算企业基建、更新改造等在建工程发生的支出。该账户按工程项目设明细账进行分类核算。

该账户借方登记企业各项在建工程的实际支出；贷方登记工程达到预定可使用状态时转出的成本等；期末余额在借方，反映企业期末尚未达到预定可使用状态的在建工程的成本。“在建工程”账户的结构和内容如图 5-3-3 所示。

借方　　在建工程　　贷方

期初余额	
企业各项在建工程的实际支出	工程达到预定可使用状态时转出的成本
期末尚未达到预定可使用状态的工程成本	

图5-3-3　“在建工程”账户的结构和内容

（二）“工程物资”账户

“工程物资”账户属于资产类账户，用以核算企业为在建工程准备的各种物资的成本，包括工程用材料、尚未安装的设备以及为生产准备的工器具等。该账户可按“专用材料”“专用设备”“工器具”等进行明细核算。

该账户借方登记企业购入工程物资的成本；贷方登记领用工程物资的成本；期末余额在借方，反映企业期末为在建工程准备的各种物资的成本。“工程物资”账户的结构和内容如图5-3-4所示。

借方　　工程物资	贷方
期初余额	
购入工程物资的成本	领用工程物资的成本
期末为在建工程准备的各种物资成本	

图5-3-4　“工程物资”账户的结构和内容

（三）“固定资产”账户

“固定资产”账户属于资产类账户，用以核算企业持有的固定资产原价。该账户可按固定资产类别和项目进行明细核算。

该账户的借方登记企业增加的固定资产原价；贷方登记企业因处置固定资产等而减少的原价；期末余额在借方，反映企业期末固定资产的原价。“固定资产”账户的结构和内容如图5-3-5所示。

借方　　固定资产	贷方
期初余额	
企业增加的固定资产原价	企业因处置固定资产等而减少的原价
期末固定资产的原价	

图5-3-5　“固定资产”账户的结构和内容

（四）“累计折旧”账户

“累计折旧”账户属于资产类备抵账户，用以核算企业固定资产计提的累计折旧。该账户可按固定资产的类别或项目进行明细核算。

该账户借方登记企业因减少固定资产而转出的累计折旧；贷方登记企业按月提取的折旧额，即累计折旧的增加额；期末余额在贷方，反映期末固定资产的累计折旧额。“累计折旧”账户的结构和内容如图5-3-6所示。

借方	累计折旧 贷方
	期初余额
企业因减少固定资产而转出的金额	企业按月提取的折旧额
	期末固定资产的累计折旧额

图5-3-6 “累计折旧”账户的结构和内容

工程物资转变为固定资产的过程如图 5-3-7 所示。

图5-3-7 工程物资转变为固定资产的过程

（五）“固定资产清理”账户

“固定资产清理”账户属于资产类账户，用来核算企业因出售、报废、毁损和对外投资等原因转入清理的固定资产价值，以及在清理过程中所发生的清理费用和清理收入。该账户可按被清理的固定资产项目进行明细核算。

该账户借方登记固定资产转出的固定资产账面价值、清理过程中支付的相关税费及其他费用、结转固定资产的净收益；贷方登记处置固定资产得到的收入、收到过失人赔偿或残料变价收入、结转固定资产的净损失。期末余额若在借方，表示清理后的净损失；期末余额若在贷方，则表示清理后的净收益。“固定资产清理”账户的结构和内容如图 5-3-8 所示。

借方	固定资产清理 贷方
转出的固定资产账面价值 清理过程中支付的相关税费及其他费用 结转固定资产的净收益	处置固定资产得到的收入 收到过失人赔偿或残料变价收入 结转固定资产的净损失

图5-3-8 “固定资产清理”账户的结构和内容

五、账务处理

（一）固定资产的购入

购入固定资产的会计分录如表 5-3-2 所示。

表5-3-2　购入固定资产的会计分录

购入不需要安装的固定资产	购入需要安装的固定资产
借：固定资产 　　应交税费——应交增值税（进项税额） 　　贷：银行存款、应付账款等	（1）购入时。 　借：在建工程 　　　应交税费——应交增值税（进项税额） 　　　贷：银行存款 / 应付账款等 （2）发生安装费等支出。 　借：在建工程 　　　应交税费——应交增值税（进项税额） 　　　贷：银行存款 / 应付账款等 （3）达到预定可使用状态时。 　借：固定资产 　　　贷：在建工程

如果购入需要安装的固定资产，应在购入的固定资产取得成本的基础上加上安装调试成本等，作为购入固定资产的成本，先通过“在建工程”科目归集其成本，待达到预定可使用状态时，再由“在建工程”科目转入“固定资产”科目。

【例题】202× 年 5 月 10 日，甲公司购入一台不需要安装即可投入使用的设备，取得的增值税专用发票上注明的设备价款为 30 000 元，增值税税额为 3 900 元，另支付包装费并取得增值税专用发票，注明包装费 700 元、税率 6%、增值税税额 42 元，款项以银行存款支付。甲公司属于增值税一般纳税人。

该固定资产的入账价值＝ 30 000 ＋ 700 ＝ 30 700（元）

甲公司应编制如下会计分录：

借：固定资产　　　　　　　　　　　　　　30 700

　　应交税费——应交增值税（进项税额）　　3 942

　　贷：银行存款　　　　　　　　　　　　　　34 642

【例题】202× 年 5 月 15 日，甲公司用银行存款购入一台需要安装的设备，取得的增值税专用发票上注明的价款为 200 000 元，增值税税额为 26 000 元，支付安装费并取得增值税专用发票，注明安装费 40 000 元、税率 9%、增值税税额 3 600 元。甲公司为增值税一般纳税人，应做出如下账务处理。

（1）购入时支付设备价款。

借：在建工程　　　　　　　　　　　　　　200 000

　　应交税费——应交增值税（进项税额）　　26 000

　　贷：银行存款　　　　　　　　　　　　　　226 000

（2）支付安装费。

借：在建工程 40 000

应交税费——应交增值税（进项税额） 3 600

贷：银行存款 43 600

（3）设备安装完毕交付使用。

借：固定资产 （200 000 + 40 000）240 000

贷：在建工程 240 000

【例题】甲公司为小规模纳税人，202× 年 5 月 10 日用银行存款购入一台需要安装的设备，增值税专用发票上注明的价款为 100 000 元，增值税税额为 13 000 元，支付安装费 20 000 元，增值税税额为 1 800 元。甲公司应编制如下会计分录。

（1）购入进行安装时。

借：在建工程 113 000

贷：银行存款 113 000

（2）支付安装费时。

借：在建工程 21 800

贷：银行存款 21 800

（3）设备安装完毕交付使用时。

该设备的成本= 113 000 + 21 800 = 134 800（元）

借：固定资产 134 800

贷：在建工程 134 800

【敲黑板】小规模纳税人的进项税额不能抵扣，应全额记入固定资产成本。

（二）固定资产的折旧

固定资产应当按月计提折旧，计提的折旧应当记入“累计折旧”科目，并根据用途记入相关资产的成本或者当期损益。企业计提固定资产折旧时，须编制如下会计分录：

借：制造费用——基本生产车间的固定资产

管理费用——行政管理部门的固定资产、未使用的固定资产

销售费用——销售部门的固定资产

其他业务成本——经营租出的固定资产

在建工程——自建固定资产过程中使用的固定资产

研发支出——研发过程中使用的固定资产

贷：累计折旧

【例题】某企业采用年限平均法对固定资产计提折旧。202× 年 3 月“固定资产折旧计算表”

中计提折旧额如下：生产车间为 15 000 元，企业行政管理部门为 6 000 元，销售部门为 4 000 元。该企业应编制会计分录如下：

借：制造费用　　15 000
　　管理费用　　6 000
　　销售费用　　4 000
　　贷：累计折旧　　25 000

（三）固定资产的处置

“固定资产清理”涉及账户如图 5-3-9 所示。

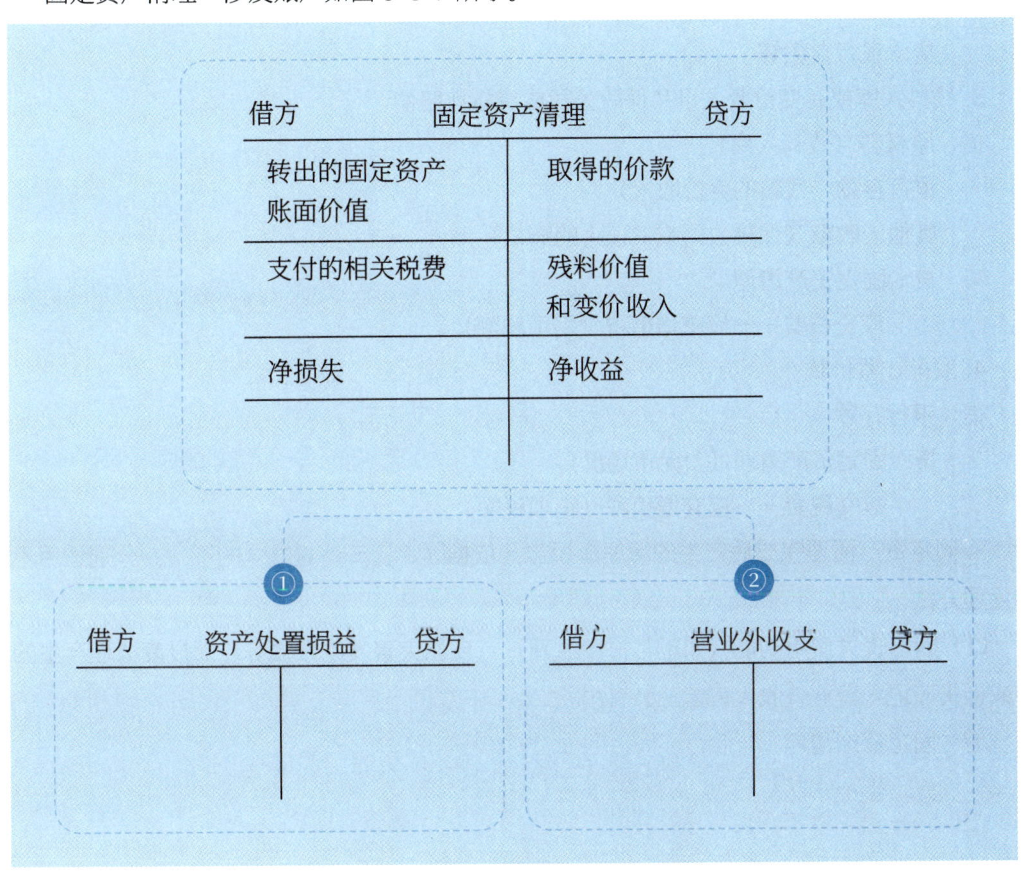

图5-3-9　“固定资产清理”涉及账户

企业在生产经营过程中，可能由于遭受自然灾害等而将毁损的固定资产处置掉，也可能会将没有使用价值的固定资产对外出售转让。

固定资产处置，即固定资产的终止确认，具体包括固定资产的出售、报废、毁损、对外投资、非货币性资产交换、债务重组等。处置固定资产应通过“固定资产清理”科目核算。会计处理如下。

1. 将固定资产的账面价值结转至固定资产清理

借：固定资产清理（账面价值）

　累计折旧

　固定资产减值准备

　贷：固定资产（原价）

2. 发生清理费等支出

借：固定资产清理

　应交税费——应交增值税（进项税额）

　贷：银行存款等

3. 残料入库或有变价收入以及保险公司或责任人赔偿

借：原材料（残料入库）

　银行存款（残料的变价收入）

　其他应收款（保险公司或责任人的赔偿）

　贷：固定资产清理

　　应交税费——应交增值税（销项税额）

4. 取得处置价款

借：银行存款

　贷：固定资产清理（公允市场价）

　　应交税费——应交增值税（销项税额）

5. 固定资产清理完成后产生的清理净损益，依据固定资产处置方式的不同，分别适用不同的处理方法

（1）因已丧失使用功能（如正常报废清理）、自然灾害发生毁损等，而报废清理产生的利得或损失应记入营业外收入或营业外支出。

借：固定资产清理

　贷：营业外收入

或

借：营业外支出

　贷：固定资产清理

（2）因出售、转让等人为原因产生的固定资产处置利得或损失应记入资产处置损益。

借：固定资产清理

　贷：资产处置损益（利得）

或

借：资产处置损益（损失）

　　贷：固定资产清理

【例题】甲公司为增值税一般纳税人，因遭受台风而毁损一座仓库，该仓库原价 4 000 000 元，已计提折旧 1 000 000 元，未计提减值准备。其残料估计价值 50 000 元，残料已办理入库。发生清理费用并取得增值税专用发票，注明的装卸费为 20 000 元，增值税税额为 1 800 元，全部款项以银行存款支付。经保险公司核定应赔偿损失 1 500 000 元，增值税税额为 0 元，款项已存入银行。甲公司应编制如下会计分录。

（1）将毁损的仓库转入清理时。

借：固定资产清理　　3 000 000

　　累计折旧　　1 000 000

　　贷：固定资产　　4 000 000

（2）残料入库时。

借：原材料　　50 000

　　贷：固定资产清理　　50 000

（3）支付清理费用时。

借：固定资产清理　　20 000

　　应交税费——应交增值税（进项税额）　　1 800

　　贷：银行存款　　21 800

（4）确认并收到保险公司赔偿款项时。

借：其他应收款　　1 500 000

　　贷：固定资产清理　　1 500 000

借：银行存款　　1 500 000

　　贷：其他应收款　　1 500 000

借方　固定资产清理	贷方
3 000 000 20 000	50 000 1 500 000
1 470 000	

（5）结转毁损固定资产发生的损失时。

借：营业外支出——非常损失　　1 470 000

　　贷：固定资产清理　　1 470 000

【例题】乙公司为增值税一般纳税人，202× 年 12 月 30 日，公司出售一座建筑物，原价为 2 000 000 元，已计提折旧 1 500 000 元，未计提减值准备，实际出售价格为 1 200 000 元，增值税税额为 108 000 元，款项已存入银行。乙公司应做如下会计处理。

（1）将出售固定资产转入清理时。

借：固定资产清理　　500 000
　　累计折旧　　1 500 000
　　贷：固定资产　　2 000 000

（2）收回出售固定资产的价款和税款时。

借：银行存款　　1 308 000
　　贷：固定资产清理　　1 200 000
　　　　应交税费——应交增值税（销项税额）　　108 000

（3）结转出售固定资产实现的利得时。

借：固定资产清理　　700 000
　　贷：资产处置损益　　700 000

第四节　材料采购业务的核算

一、材料的采购成本

材料的采购成本是指企业物资从采购到入库前所发生的全部支出，包括购买价款、相关税费、运输费、装卸费、保险费以及其他可归属于采购成本的费用。

【敲黑板】下列费用不得记入原材料采购成本，应在发生时记入当期损益。

（1）非正常消耗，比如自然灾害。

（2）采购入库后发生的仓储费用。

（3）采购员的差旅费。

（4）一般纳税人的增值税进项税。

二、账户设置

根据材料采购业务的内容，企业通常设置以下账户对材料采购业务进行会计核算。

（一）“原材料”账户

“原材料”账户是资产类账户，用以核算企业库存的各种材料，包括原料及主要材料、辅助材料、外购半成品（外购件）、修理用备件（备品备件）、包装材料、燃料等的计划成本或实际成本。企业收到来料加工装配业务的原料、零件等，应当设置备查簿进行登记。

该账户借方登记企业购入并已验收入库材料的成本；贷方登记发出材料的成本；期末余额在借方，反映企业库存材料的计划成本或实际成本。“原材料”账户的结构和内容如图 5-4-1 所示。

借方　　　　　　　原材料	贷方
期初余额	
企业购入并已验收入库材料的成本	生产经营领用发出材料的成本
期末库存材料的成本	

图5-4-1　“原材料”账户的结构和内容

（二）“在途物资”账户

“在途物资”账户属于资产类账户，用以核算企业采用实际成本（或进价）进行材料、商品等物资的日常核算时货款已付尚未验收入库的在途物资的采购成本。该账户可按供应单位和物资品种进行明细核算。

该账户借方登记购入在途材料、商品等物资的买价和采购费用（采购实际成本）；贷方登记已验收入库材料、商品等物资应结转的实际采购成本；期末余额在借方，反映企业期末在途材料、商品等物资的实际采购成本。“在途物资”账户的结构和内容如图 5-4-2 所示。

借方　　　　　　　原材料	贷方
期初余额	
企业购入在途材料、商品等物资的实际成本	已验收入库材料、商品等物资应结转的实际采购成本
期末尚未验收入库的在途材料、商品等物资的实际采购成本	

图5-4-2　“在途物资”账户的结构和内容

> 【敲黑板】“在途物资”账户仅在实际成本法下使用。

（三）“应付账款”账户

“应付账款”账户属于负债类账户，用以核算企业因购买材料、商品和接受劳务等经营活

第五章

动应支付的款项。该账户可按债权人进行明细核算。

该账户贷方登记企业因购入材料、商品和接受劳务等应付未付的款项；借方登记实际偿还的应付账款，或开出商业汇票抵付应付账款的款项，或已冲销的无法支付的应付账款。期末余额一般在贷方，反映期末企业尚未支付的应付账款余额；如果在借方，则反映期末企业预付账款余额。“应付账款”账户的结构和内容如图 5-4-3 所示。

借方	应付账款　　　　贷方
	期初余额
实际偿还的应付账款 开出商业汇票抵付应付账款的款项 已冲销的无法支付的应付账款	购入材料、商品和接受劳务等应付未付的款项
期末企业预付账款的余额	期末企业尚未支付的应付账款余额

图5-4-3　“应付账款”账户的结构和内容

（四）“应付票据”账户

“应付票据”账户属于负债类账户，用以核算企业购买材料、商品和接受劳务等开出、承兑的商业汇票，包括银行承兑汇票和商业承兑汇票。该账户可按债权人进行明细核算。

该账户贷方登记企业开出、承兑的商业汇票；借方登记企业已经支付或者到期无力支付的商业汇票；期末余额在贷方，反映企业尚未到期的商业汇票的票面金额。“应付票据”账户的结构和内容如图 5-4-4 所示。

借方	应付票据　　　　贷方
	期初余额
企业已经支付或者到期无力支付的商业汇票	企业开出、承兑的商业汇票
	企业尚未到期的商业汇票的票面金额

图5-4-4　“应付票据”账户的结构和内容

第五章

（五）“预付账款”账户

“预付账款”账户属于资产类账户，用以核算企业按照合同规定预付的款项。预付款项情况不多的，也可以不设置该账户，将预付的款项直接记入“应付账款”账户。该账户可按供货单位进行明细核算。

该账户借方登记企业因购货等业务而预付的款项或补付的款项，贷方登记企业收到货物后应支付的款项等。期末余额若在借方，反映期末企业预付的款项；期末余额若在贷方，反映期末企业尚需补付的款项。“预付账款”账户的结构和内容如图 5-4-5 所示。

借方	预付账款 贷方
企业因购货等业务而预付的款项 补付的款项	企业收到所购货物后应支付的款项 退回的款项
期末企业预付的款项	期末企业尚需补付的款项

图5-4-5 “预付账款”账户的结构和内容

（六）“应交税费”账户

“应交税费”账户属于负债类账户，用以核算企业按照税法等规定计算应缴纳的各种税费，包括增值税、消费税、所得税、资源税、土地增值税、城市维护建设税、房产税、土地使用税、车船税、教育费附加、矿产资源补偿费、企业代扣代缴的个人所得税等。该账户总括反映各种税费的缴纳情况，并按应缴的税费项目进行明细核算。企业缴纳的印花税、耕地占用税等不需要预计应缴数额的税金，不通过应交税费账户核算。

该账户贷方登记各种应缴未缴税费的增加额，借方登记企业实际缴纳的各种税费。期末余额若在贷方，反映期末企业尚未缴纳的税费；期末余额若在借方，反映企业多缴或尚未抵扣的税费。“应交税费”账户的结构和内容如图 5-4-6 所示。

借方	应交税费 贷方
企业实际缴纳的各种税费	企业各种应缴未缴税费的增加额
期末企业多缴或尚未抵扣的税费	期末企业尚未缴纳的税费

图5-4-6 “应交税费”账户的结构和内容

在这里需要给读者简单介绍一下增值税。增值税是以商品（含应税劳务、应税行为）在流转过程中实现的增值额作为计税依据而征收的一种流转税。我国增值税相关法规规定，在我国境内销售货物、加工修理修配劳务、销售服务、无形资产和不动产，以及进口货物的企业、单位和个人为增值税的纳税人。其中，销售服务是指提供交通运输服务、建筑服务、邮政服务、电信服务、金融服务、现代服务、生活服务。

根据经营规模大小及会计核算水平的健全程度，增值税纳税人分为一般纳税人和小规模纳税人。

一般纳税人采用购进扣税法计算当期增值税应纳税额，即先按当期销售额和适用税率计算出销项税额，然后对当期购进项目向对方支付的税款（即进项税额）进行抵扣，从而间接算出当期的应纳税额。其计算公式如下：

应纳税额＝当期销项税额－当期进项税额

小规模纳税人应当按照不含税销售额和规定的增值税征收率计算缴纳增值税，其一般不享有进项税额的抵扣权，购进货物或接受劳务支付的进项税额直接记入有关货物或劳务的成本。

三、账务处理

原材料的日常收发及结存，可以采用实际成本核算，也可以采用计划成本核算。

（一）实际成本法下采购材料的账务处理

采购材料可分为如图 5-4-7 所示的四种账务状态。

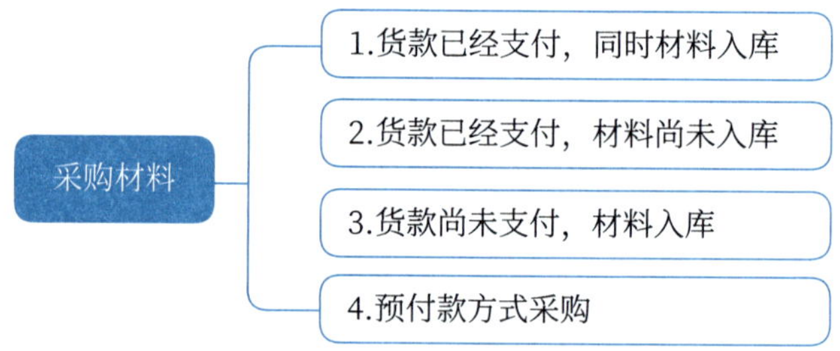

图5-4-7　采购材料的四种账务状态

1. 货款已经支付，同时材料入库（一手交钱，一手交货）

【例题】甲公司购入 A 材料一批，增值税专用发票上记载的货款为 250 000 元，增值税税额为 42 500 元，另有对方代垫运杂费 500 元。全部款项已用转账支票付讫，材料已验收入库（假设甲公司为增值税一般纳税人）。

甲公司应编制如下会计分录：

借：原材料——A 材料　　250 500

　　应交税费——应交增值税（进项税额）　　42 500

　　贷：银行存款　　293 000

2. 货款已经支付，材料尚未入库

【例题】甲公司采用支付银行存款方式购入 F 材料一批，发票及账单已收到，增值税专用发票上记载的货款为 10 000 元，增值税税额为 1 700 元。支付保险费 500 元，材料尚未到达。

第五章

甲公司应编制如下会计分录:

借：在途物资　　10 500

　　应交税费——应交增值税（进项税额）　　1 700

　　贷：银行存款　　12 200

后续当材料到达，验收入库时:

借：原材料——F 材料　　10 500

　　贷：在途物资　　10 500

3. 货款尚未支付，材料入库

（1）货款尚未支付，发票账单已到，材料已验收入库。

【例题】甲公司采用托收承付结算方式购入 G 材料一批，增值税专用发票上记载的货款为 250 000 元，增值税税额为 42 500 元，对方代垫包装费 500 元，银行转来的结算凭证已到，款项尚未支付，材料已验收入库。

甲公司应编制如下会计分录:

借：原材料——G 材料　　250 500

　　应交税费——应交增值税（进项税额）　　42 500

　　贷：应付账款　　293 000

（2）货款尚未支付，发票账单未到，材料已验收入库。

【例题】甲公司采用托收承付结算方式购入 H 材料一批，材料已验收入库，月末发票账单尚未收到也无法确定其实际成本，暂估价值为 15 000 元。

甲公司应编制如下会计分录:

①月末先按暂估价值入账。

借：原材料——H 材料　　15 000

　　贷：应付账款——暂估应付账款　　15 000

②下月初做相反的会计分录予以冲回。

借：应付账款——暂估应付账款　　15 000

　　贷：原材料——H 材料　　15 000

③等后续收到发票账单时再做如下分录（分录金额以发票上的金额为准）。

借：原材料

　　应交税费——应交增值税（进项税额）

　　贷：银行存款

4. 预付款方式采购

【例题】甲公司向乙公司采购材料 5 000 千克，每千克单价为 10 元，所需支付的货款为 50 000 元。按照合同规定向乙公司预付货款的 50%，验收货物后补付其余款项。

甲公司应编制如下会计分录：

（1）预付 50% 的货款时。

借：预付账款——乙公司　　25 000

　　贷：银行存款　　25 000

（2）收到乙公司发来的 5 000 千克材料，验收无误，增值税专用发票记载的货款为 50 000 元，增值税税额为 8 500 元。甲公司以银行存款补付所欠款项 33 500 元，应编制如下会计分录：

借：原材料　　50 000

　　应交税费——应交增值税（进项税额）　　8 500

　　贷：预付账款——乙公司　　58 500

（3）补付货款时（与预付货款的分录相同）

　　借：预付账款——乙公司　　33 500

　　　　贷：银行存款　　33 500

（二）实际成本法下发出材料的账务处理

1. 发出存货的计价方法（见图 5-4-8）

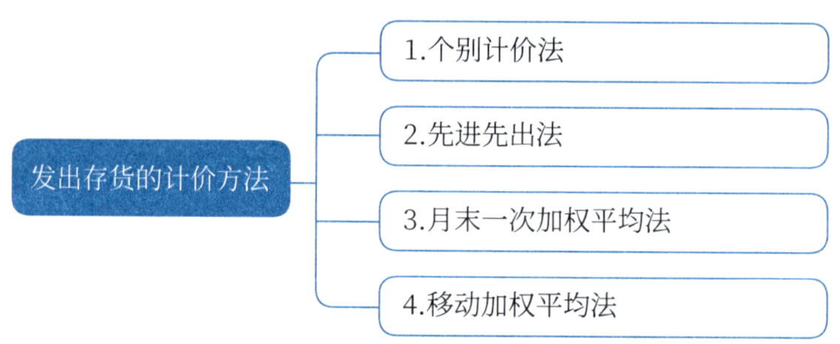

图5-4-8　发出存货的四种计价方法

（1）个别计价法。个别计价法又称个别认定法，它是指假设存货具体项目的实物流转与成本流转相一致，按照各种存货逐一辨认各批发出存货和期末存货所属的购进批别或生产批别，分别按其购入或生产时所确定的单位成本计算各批发出存货和期末存货成本的方法。

个别计价法的优点是成本计算准确，缺点是工作量较大，不适用于所有企业。其主要适用于不能替代使用的存货、为特定项目专门购入或制造的存货以及提供的劳务，如珠宝、名画等贵重物品。

（2）先进先出法。先进先出法是指以先购入的存货应先发出（销售或耗用）这样一种存货实物流转假设为前提，对发出存货进行计价的一种方法。

【例题】小华今天请朋友吃饭，打算做一个“凉拌黄瓜”招待大家。小华花费 3 元买了一根黄瓜，回来拌的时候发现不够，跑到超市又花了 5 元添置了一根黄瓜。小华这道菜用了 1.5 根黄瓜，在先进先出法下，这道菜的成本是多少？

“凉拌黄瓜”的成本＝第一根的 3 元＋第二根的一半 2.5 元＝ 5.5 元

【例题】甲公司采用先进先出法核算原材料，202× 年 3 月 1 日库存 A 材料 500 千克，实际成本为 3 000 元；3 月 5 日购入 A 材料 1 200 千克，实际成本为 7 440 元；3 月 8 日购入 A 材料 300 千克，实际成本为 1 830 元；3 月 10 日发出 A 材料 900 千克。不考虑其他因素，甲公司发出的 A 材料实际成本为多少？

结合表 5-4-1，企业 10 日发出的 900 千克 A 材料中，先发出期初结存的 500 千克，然后发出 3 月 5 日购入的 400 千克（900 － 500 ＝ 400）。所以，该企业发出的 A 材料实际成本＝ 3 000 ＋ 7 440÷ 1 200×400 ＝ 5 480（元）。

表5-4-1　先进先出的存货发出法示例

日期	摘要	金额（元）	数量（千克）
3 月 1 日	期初余额	3 000	500
3 月 5 日	购入	7 440	1 200
3 月 8 日	购入	1 830	300
3 月 10 日	发出	3 000 ＋ 7 440÷1 200×400	900

先进先出法可以随时结出存货发出成本和结转存货成本，而且期末存货成本更接近于市价。但是，如果存货收发业务较多且存货单价不稳定，则计算工作量较大。

（3）月末一次加权平均法。月末一次加权平均法是指以本月购入存货金额加上月初存货结存金额除以本月购入存货数量加上月初存货结存数量，计算出存货的加权平均单位成本，以此为基础，计算出本月发出存货的成本和月末存货成本的一种方法。其计算公式为：

加权平均单位成本＝总成本 ÷ 总数量＝（本月购入存货金额＋月初存货结存金额）÷（本月购入存货数量＋月初存货结存数量）

本月发出存货成本＝本月发出存货数量 × 存货单位成本

月末存货成本＝月末库存存货数量 × 存货单位成本

【例题】乙公司采用月末一次加权平均法核算发出材料成本。202× 年 6 月 1 日结存 B 材料 200 件、单位成本 35 元；10 日购入 B 材料 400 件、单位成本 40 元；20 日购入 B 材料 400 件、单位成本 45 元。当月发出 B 材料 600 件。不考虑其他因素，乙公司 6 月发出 B 材料的成本为多少元？

B 材料加权平均单位成本＝（200×35 ＋ 400×40 ＋ 400×45）÷（200 ＋ 400 ＋ 400）＝ 41（元）

该企业 6 月发出 B 材料的成本＝ 41×600 ＝ 24 600（元）

月末一次加权平均法会在月末一次计算加权平均单价，比较简单，有利于简化成本计算工作；但是平时无法从账上提供发出和结存存货的单价及金额，因此不利于存货成本的日常管理与控制。

（4）移动加权平均法。移动加权平均法是指企业按实际成本进行材料明细分类核算时，以各批材料收入数量和上批结余材料数量为权数，计算材料平均单位成本的一种方法。采用这种计价方法，每购进一批材料需重新计算一次加权平均单价，据以作为领用材料的单位成本。其计算公式为:

移动平均单价＝总成本 ÷ 总数量＝（成本 1 ＋成本 2）÷（数量 1 ＋数量 2）＝（原有库存存货实际成本＋本次进货实际成本）÷（原有库存存货数量＋本次进货数量）

本次发出存货成本＝本次发出存货数量 × 本次发货前存货单位成本

本月月末库存存货成本＝月末库存存货数量 × 本月月末存货单位成本

【例题】移动加权平均的存货发出法示例参见表 5-4-2。

表5-4-2　移动加权平均的存货发出法示例

日期		摘要	收入			发出			结存		
月	日		数量（个）	单价（元）	金额（元）	数量（个）	单价（元）	金额（元）	数量（个）	单价（元）	金额（元）
5	1	期初							150	10	1 500
	5	购入	100	12	1 200				250	10.8	2 700
	11	销售				200	10.8	2 160	50	10.8	540
	6	购入	200	14	2 800				250	13.36	3 340
	20	销售				100	13.36	1 336	150	13.36	2 004

采用移动加权平均法能使企业管理层及时了解存货的结存情况，计算的平均单位成本以及发出和结存的存货成本比较客观；但是，在存货单价不同的情况下，由于每次收货都要计算一次平均单位成本，计算工作量较大，对收发货较频繁的企业不太适用。

2. 发出材料的账务处理

根据所发出材料的用途，企业需做出如下会计分录：

借：生产成本（直接用于产品生产）

　　制造费用（间接用于产品生产）

销售费用（销售部门消耗）
管理费用（行政部门消耗）
在建工程（工程项目消耗）
研发支出（研发环节消耗）
委托加工物资（发出加工材料）
其他业务成本（用于出售）
贷：原材料

【例题】根据“发料凭证汇总表”的记录，甲公司5月车间为生产A产品领用B材料500 000元，车间一般消耗B材料40 000元，企业行政管理部门领用B材料9 000元。

甲公司应做出如下会计分录：

借：生产成本——A产品　　500 000
　　制造费用　　40 000
　　管理费用　　9 000
　　贷：原材料——B材料　　549 000

（三）计划成本法下材料核算的账务处理

1. 账户设置

（1）“材料采购”（核算材料的实际成本）账户。“材料采购”账户属于资产类账户，用以核算企业采用计划成本法进行材料日常核算而购入材料的采购成本，可按供应单位和材料品种进行明细核算。

“材料采购”账户借方登记企业采用计划成本法进行核算时，采购材料的实际成本以及材料入库时结转的节约差异；贷方登记入库材料的计划成本以及材料入库时结转的超支差异；期末余额一般在借方，反映企业在途材料的采购成本。“材料采购”账户的结构和内容如图5-4-9所示。

借方　　　　材料采购	贷方
期初余额	
采购材料的实际成本 材料入库时结转的节约差异	企业入库材料的计划成本 材料入库时结转的超支差异
期末企业在途材料的采购成本	

图5-4-9　“材料采购”账户的结构和内容

（2）“原材料”账户。在计划成本法下，原材料用来核算材料的计划成本。

（3）“材料成本差异”账户。“材料成本差异”账户属于资产类账户，用以核算材料实际成本与计划成本的差额。该账户可以分别“原材料”“周转材料”等，按照类别或品种进行明细核算。

该账户借方登记入库时的超支差异以及发出材料应负担的节约差异；贷方登记入库时的节约差异以及发出材料应负担的超支差异。期末余额若在借方，反映企业库存材料的实际成本大于计划成本的差异（即超支差异）；余额若在贷方，则反映企业库存材料实际成本小于计划成本的差异（即节约差异）。“材料成本差异”账户的结构和内容如图 5-4-10 所示。

借方	材料成本差异 贷方
期初余额	
企业入库时的超支差异 发出材料应负担的节约差异	企业入库时的节约差异 发出材料应负担的超支差异
企业库存材料的实际成本大于计划成本的差异	企业库存材料的实际成本小于计划成本的差异

图5-4-10 “材料成本差异”账户的结构和内容

【敲黑板】实际成本法与计划成本法下“材料采购”“在途物资”“原材料”等账户的区别如表 5-4-3 所示。

表 5-4-3 实际成本法与计划成本法下材料科目的区别

科目名称	实际成本法	计划成本法
材料采购	—	借方实际成本，贷方计划成本； 期末为借方余额，反映企业在途材料的采购成本
在途物资	发货在途，还未入库的存货的采购成本	—
原材料	借方、贷方均为实际成本	借方、贷方均为计划成本
材料成本差异	—	借方超支，贷方节约，发出相反

2. 举例说明账务处理

【例题】甲公司采用支票支付方式购入 M 材料一批，增值税专用发票上记载的货款为 50 万元，采购费用为 1 万元，增值税税额为 8.5 万元，发票账单已收到，计划成本为 50 万元，材料已验收入库。

（1）甲公司采购材料时。

借：材料采购——M 材料　　51（50 + 1）

　　应交税费——应交增值税（进项税额）　　8.5

　　贷：银行存款　　59.5

（2）材料验收入库时。

借：原材料——M 材料　　50（计划成本）

　　材料成本差异——M 材料　　1（倒挤差额，借方为超支差异）

　　贷：材料采购——M 材料　　51（实际成本）

（3）发出材料（假设生产领用原材料）。

借：生产成本　　50

　　贷：原材料——M 材料　　50（计划成本）

借：生产成本　　1

　　贷：材料成本差异——M 材料　　1

【例题】甲公司采用支票支付方式购入 M 材料一批，增值税专用发票上记载的货款为 50 万元，采购费用为 1 万元，增值税税额为 8.5 万元，发票账单已收到，计划成本为 60 万元，材料已验收入库。

（1）甲公司采购材料时。

借：材料采购——M 材料　　51（50 + 1）

　　应交税费——应交增值税（进项税额）　　8.5

　　贷：银行存款　　59.5

（2）材料验收入库时。

借：原材料——M 材料　　60（计划成本）

　　贷：材料采购——M 材料　　51（实际成本）

　　　　材料成本差异——M 材料　　9（倒挤差额，贷方为节约差异）

（3）发出材料。

借：生产成本　　60

　　贷：原材料——M 材料　　60（计划成本）

借：材料成本差异——M 材料　　9

　　贷：生产成本　　9

第五节 生产业务的核算

制造业企业的基本任务是生产社会需要的产品，因此，产品的生产过程是企业生产经营过程的中心环节。

为了生产产品，企业必然会发生各种耗费，如材料的耗费、固定资产的磨损、支付职工工资和其他费用等，这些生产耗费最终应归集分配到各种产品中去，构成产品成本。

对于生产经营过程中发生的与产品生产无直接关系的各项费用，如管理费用、财务费用、销售费用等，应当作为期间费用直接记入当期损益，不记入产品成本。因此，生产过程核算的主要内容是归集和分配各项费用，计算产品生产成本。

一、生产费用的构成

生产费用是指与企业日常生产经营活动有关的费用，按其经济用途可分为直接材料、直接人工和制造费用，一般简称为“料、工、费”。

（一）直接材料

直接材料是指构成产品实体的原材料，以及有助于产品形成的主要材料和辅助材料。

（二）直接人工

直接人工是指直接从事产品生产的工人的职工薪酬。

（三）制造费用

制造费用是指企业为生产产品和提供劳务而发生的各项间接费用，包括生产车间发生的一般性消耗材料、生产车间管理人员工资、生产车间水电一般耗费、生产车间固定资产折旧、季节性和修理期间的停工损失等。

二、账户设置

（一）“生产成本”账户

“生产成本”账户属于成本类账户，用以核算企业为生产产品而发生的各项生产费用。

其借方登记为进行产品生产而增加的产品生产费用，包括直接记入产品生产成本的直接材料费、直接人工费，以及期末按一定的方法分配记入产品生产成本的制造费用；贷方登记产品完工并已验收入库的成品生产成本；期末余额在借方，表示未完工产品（即在产品）的成本。该账户按产品种类或类别设置明细账户，进行分类核算。“生产成本”账户的结构和内容如图5-5-1所示。

借方　　　　　　　　　生产成本	贷方
期初余额	
进行产品生产而增加的直接材料费、直接人工费以及期末按一定的方法分配记入产品生产成本的制造费用	产品完工并已验收入库的成品生产成本
期末在产品成本	

图5-5-1　“生产成本”账户的结构和内容

（二）“制造费用”账户

“制造费用”账户属于成本类账户，用以核算企业各生产单位（分厂、车间）组织和管理生产而发生的各项间接费用，如生产车间管理人员的薪酬、折旧费、办公费、水电费、机物料消耗等。

其借方登记实际发生的各项制造费用；贷方登记期末分配转入生产成本的制造费用；期末结账后，该账户一般无余额。该账户应按不同车间设户，按费用项目设专栏进行明细核算。“制造费用”账户的结构和内容如图5-5-2所示。

借方　　　　　　　　　制造费用	贷方
期初余额	
实际发生的各项制造费用	期末分配转入生产成本的制造费用

图5-5-2　“制造费用”账户的结构和内容

（三）“库存商品”账户

“库存商品”账户属于资产类账户，用以核算企业库存的各种商品的实际成本（或进价）或计划成本（或售价），包括库存产成品、外购商品、存放在门市部准备出售的商品、发出展览的商品以及寄存在外的商品等。该账户可按库存商品的种类、品种和规格等进行明细核算。

该账户借方登记企业已经完工并验收入库的库存商品成本；贷方登记发出的库存商品成本；期末余额在借方，反映期末企业库存商品的实际成本（或进价）或计划成本（或售价）。“库存商品”账户的结构和内容如图 5-5-3 所示。

借方	库存商品　　　　　贷方
期初余额	
企业已经完工并验收入库的库存商品成本	发出的库存商品成本
期末企业库存产成品的实际成本（或计划成本）	

图5-5-3　“库存商品”账户的结构和内容

（四）“应付职工薪酬”账户

“应付职工薪酬”账户属于负债类账户，用以核算企业根据有关规定应付给职工的各种薪酬，该账户可按“短期薪酬”“离职后福利”“辞退福利”“其他长期职工福利”等进行明细核算。

该账户贷方登记企业应支付的职工薪酬数额，包括短期薪酬、离职后福利、辞退福利和其他长期职工福利；借方登记企业实际支付的职工薪酬数额；期末余额在贷方，反映企业应付未付的职工薪酬。“应付职工薪酬”账户的结构和内容如图 5-5-4 所示。

借方　　　　　应付职工薪酬	贷方
	期初余额
企业实际支付的职工薪酬数额	企业应支付的职工薪酬数额
	期末企业应付未付的职工薪酬

图5-5-4　“应付职工薪酬”账户的结构和内容

三、账务处理

（一）材料费用的归集与分配

在确定材料费用时，应根据领料凭证区分车间、部门和不同用途后，按照确定的结果将发生材料的成本借记“生产成本”“制造费用”等科目，贷记“原材料”科目。

借：生产成本（生产车间生产产品领用）

　　制造费用（生产车间一般耗用）

　　管理费用（行政部门耗费材料）

销售费用（销售部门耗费材料）

其他业务成本（销售多余材料）

在建工程（在建的工程领料）

研发支出（研发无形资产）

贷：原材料

【例题】甲企业 202× 年 10 月发出 C 材料总额 100 000 元，其中生产车间生产 A、B 产品各领用 30 000 元，一般耗用 10 000 元，管理部门领用 20 000 元，销售部门领用 10 000 元。

甲公司应做如下会计分录：

借：生产成本——A 产品　30 000

——B 产品　30 000

制造费用　10 000

管理费用　20 000

销售费用　10 000

贷：原材料　100 000

（二）职工薪酬的归集与分配

1. 职工薪酬的概念

职工薪酬是指企业为获得职工提供的服务或解除劳动关系而给予各种形式的报酬或补偿，具体包括：短期薪酬、离职后福利、辞退福利和其他长期职工福利。企业提供给职工配偶、子女、受赡养人、已故员工遗属及其他受益人等的福利，也属于职工薪酬。

（1）短期薪酬，是指企业在职工提供相关服务的年度报告期间结束后 12 个月内需要全部予以支付的职工薪酬，因解除与职工的劳动关系给予的补偿除外。

短期薪酬具体包括：职工工资、奖金、津贴和补贴、职工福利费、医疗保险费和工伤保险费等社会保险费、住房公积金、工会经费和职工教育经费等。

（2）离职后福利，是指企业为获得职工提供的服务而在职工退休或与企业解除劳动关系后，提供的各种形式的报酬和福利，短期薪酬和辞退福利除外。

（3）辞退福利，是指企业在职工劳动合同到期之前解除与职工的劳动关系，或者为鼓励职工自愿接受裁减而给予职工的补偿。

（4）其他长期职工福利，是指除短期薪酬、离职后福利、辞退福利之外所有的职工薪酬，包括长期带薪缺勤、长期残疾福利等。

2. 账务处理

（1）计提短期职工薪酬的账务处理。对于短期职工薪酬，企业应当在职工为其提供服务的会计期间，按实际发生额确认为负债，并记入当期损益或相关资产成本。

借：生产成本（生产工人薪酬）
　　制造费用（车间管理人员薪酬）
　　管理费用（行政人员薪酬）
　　销售费用（销售人员薪酬）
　　在建工程（工程建设人员薪酬）
　　研发支出（研发无形资产人员薪酬）
　　贷：应付职工薪酬

【例题】甲公司本月应付职工薪酬总额为 1 428 000 元，工资费用分配汇总表中列示 A 产品生产工人工资为 600 000 元，B 产品生产工人工资为 620 000 元，车间管理人员工资为 37 000 元，为在建固定资产项目发生的人员工资为 43 000 元，企业行政管理人员工资为 50 000 元，销售人员工资为 78 000 元。

甲公司应做出如下会计分录：

借：生产成本——A 产品　　600 000
　　　　　　——B 产品　　620 000
　　制造费用　　　　　　　37 000
　　在建工程　　　　　　　43 000
　　管理费用　　　　　　　50 000
　　销售费用　　　　　　　78 000
　　贷：应付职工薪酬　　　　　1 428 000

（2）发放短期职工薪酬的账务处理。

①企业按照有关规定向职工支付工资、奖金、津贴等。

借：应付职工薪酬——工资
　　贷：其他应付款（代扣代缴应由个人负担的社保、公积金）
　　　　其他应收款（为职工代垫的费用）
　　　　应交税费——应交个人所得税（代扣代缴个人所得税）
　　　　银行存款等（实际发放给职工的款项）

承接上例，假设不考虑相关个人所得税及社保等，实际发放工资时会计分录应为：

借：应付职工薪酬　　　　1 428 000
　　贷：银行存款　　　　　　1 428 000

②企业向员工发放福利费时，应当在实际发生时根据实际发生额记入当期损益或相关资产成本，编制如下会计分录：

借：应付职工薪酬——职工福利费
　　贷：银行存款

【例题】乙企业下设一所职工食堂，每月根据在岗职工数量及岗位分布情况、相关历史经验数据等计算需要补贴食堂的金额，从而确定企业每期因职工食堂而需要承担的福利费金额。如 202× 年 9 月，企业在岗职工共计 200 人，其中管理部门 30 人、生产车间 170 人，企业的历史经验数据表明，每个职工每月需补贴 150 元。202× 年 10 月，乙企业支付 30 000 元补贴给食堂。

乙企业应做出如下会计分录：

202× 年 9 月，计算补贴：

借：生产成本　　25 500

　　管理费用　　4 500

　　贷：应付职工薪酬——职工福利费　　30 000

202× 年 10 月，支付补贴：

借：应付职工薪酬——职工福利费　　30 000

　　贷：银行存款　　30 000

（三）制造费用的归集和分配

1. 归集

在材料、人工已经归集的情况下，企业发生制造费用时，应借记“制造费用”科目，贷记“累计折旧”“银行存款”“应付职工薪酬”等科目。具体参见表 5-5-1。

表5-5-1　制造费用的会计分录

制造费用归集	
用途	会计分录
生产车间一般物料消耗	借：制造费用 　　贷：原材料
生产车间管理人员薪酬	借：制造费用 　　贷：应付职工薪酬
车间固定资产折旧费	借：制造费用 　　贷：累计折旧
车间的其他间接费用	借：制造费用 　　贷：银行存款等

【例题】甲企业为生产 A、B 两种产品于 202× 年 9 月购入一项生产设备，原价 120 万元，预计使用年限是 10 年，采用年限平均法计提折旧，假设净残值为零，则 202× 年 10 月计提折旧的分录如下：

借：制造费用　　10 000（1 200 000÷10÷12）

　　贷：累计折旧　　10 000

【例题】甲企业的生产车间本月发生水电费 20 000 元，均以银行存款支付，则甲企业应做的会计分录如下：

借：制造费用　　　　　　20 000

　　贷：银行存款　　　　　　20 000

2. 分配

在生产车间只生产一种产品的情况下，制造费用可以直接记入该种产品的成本，不用分配。可哪一家企业的生产车间只会生产一种产品呢？在生产多种产品的情况下，制造费用就应该采用适当的方法分配记入各种产品的成本。

企业应当根据制造费用的性质，合理选择制造费用的分配方法。通常采用的方法有生产工人工时比例法、工资比例法、机器工时比例法等。企业具体选用哪种方法，由企业自行决定，但分配方法一经确定，不得随意变更。

在具体介绍各种方法之前，编者先给读者铺垫一下通用的分配公式，理解了这个，后面具体的公式就非常好理解了。以一个小故事来导入。

妈妈今天逛超市花 40 元买了 10 个苹果，小明吃了 5 个，小红吃了 3 个，小美吃了 2 个。妈妈让他们用自己的压岁钱来各自支付自己所吃苹果的费用，他们各自应该给妈妈多少钱呢？

苹果的单价＝ 40÷10 ＝ 4（元 / 个）

小明应付的费用＝ 4×5 ＝ 20（元）

小红应付的费用＝ 4×3 ＝ 12（元）

小美应付的费用＝ 4×2 ＝ 8（元）

在理解了这个小故事之后，再进一步来理解通用的分配公式。

（1）分配率（单位成本）＝待分配的制造费用总额 ÷ 各产品的分配标准之和。

（分配标准可以是产品重量、消耗定额、生产工时、产品产量、产值比例等）

（2）每种产品应分摊的制造费用＝分配率 × 该产品的分配标准。

【例题】甲公司本月生产 A 产品耗用机器工时 450 小时，生产 B 产品耗用机器工时 270 小时。本月发生制造费用 72 000 元。该企业按机器工时比例分配制造费用。

制造费用分配率＝制造费用总额 ÷ 机器工时之和＝ 72 000÷（450＋270）＝ 100（元 / 小时）

A 产品应负担的制造费用＝ 450×100 ＝ 45 000（元）

B 产品应负担的制造费用＝ 270×100 ＝ 27 000（元）

因此，分配（结转）制造费用的会计分录：

借：生产成本——A 产品　　45 000

　　　　　　——B 产品　　27 000

贷：制造费用　　　　　　72 000

(四) 完工产品生产成本的计算与结转

1. 产品生产成本的计算

(1) 企业应设置产品生产成本明细账，用来归集应记入各种产品的生产费用。

(2) 通过对材料费用、职工薪酬和制造费用的归集和分配，企业各月生产产品所发生的生产费用已记入“生产成本”科目中。

(3) 计算各种产品的总成本和单位成本。

①如果月末某种产品全部完工，该种产品生产成本明细账所归集的费用总额，就是该种完工产品的总成本，用完工产品总成本除以该种产品的完工总产量即可计算出该种产品的单位成本。

②如果月末某种产品全部未完工，该种产品生产成本明细账所归集的费用总额就是该种产品在产品的总成本。

③如果月末某种产品一部分完工，一部分未完工，这时归集在产品成本明细账中的费用总额还要采取适当的分配方法在完工产品和在产品之间进行分配，然后才能计算出完工产品的总成本和单位成本。其公式为：

期初在产品成本＋本期发生的生产费用＝完工产品生产成本＋期末在产品成本

移项后，可得到下列等式：

完工产品生产成本＝期初在产品成本＋本期发生的生产费用－期末在产品成本

单位产品成本＝完工产品总成本 ÷ 产品产量

2. 完工产品成本的结转

【例题】甲公司生产 A、B 两种蛋糕，期末 A、B 两种蛋糕的产品成本计算如表 5-5-2 所示，假设期末 A 蛋糕没有完工，B 蛋糕全部完工，完工数量 1 000 份。

表5-5-2　A蛋糕成本计算　　　　单位：元

项目	期初在产品	本期发生成本	总成本
直接材料	1 500	3 400	4 900
直接人工	2 000	2 700	4 700
制造费用	3 200	1 800	5 000
合计	6 700	7 900	14 600

由于 A 蛋糕期末尚未完工，“生产成本——A 蛋糕”的期末余额，即为 A 蛋糕的期末在产品成本。

表5-5-3 B蛋糕成本计算 单位：元

项目	期初在产品	本期发生成本	总成本
直接材料	1 340	1 200	2 540
直接人工	2 800	2 230	5 030
制造费用	5 200	2 700	7 900
合计	9 340	6 130	15 470

B 蛋糕期末全部完工，期末产品成本费用之和就是该蛋糕的总成本。

B 蛋糕单位产品成本＝ 15 470÷1 000 ＝ 15.47（元 / 份）

期末，应编制的会计分录为：

借：库存商品——B 蛋糕　　15 470

　　贷：生产成本——B 蛋糕　　15 470

第六节　销售业务的核算

产品的销售是制造业企业生产经营过程的最后阶段，其主要任务是将生产的产品销售出去，以满足社会需要，取得销售收入，使企业的生产耗费得到补偿，并实现企业的经营目标。因此，销售过程的主要内容是：售出产品确认实现的销售收入，与购货单位办理货款结算，支付各种销售费用，结转产品的销售成本，计算应向国家缴纳的销售税金及附加费，确认其销售的业务成果。另外，企业除产品销售业务外，还会发生一些其他销售业务，如销售材料、包装物等，这些销售业务取得的收入和发生的支出，也是销售过程核算的内容。

一、商品销售收入的确认与计量

（一）收入确认的原则

（1）企业（卖方）应当在履行了合同中的履约义务，即在客户（买方）取得相关商品控制权时确认收入。

（2）取得相关商品控制权包括以下三个要素。

①客户有能力主导该商品的使用，即客户在其活动中有权使用该商品，或者能够允许或阻止其他方使用该商品。

②客户能够获得商品几乎全部的经济利益。商品的经济利益是指商品的潜在现金流量，既包括现金流入的增加，也包括现金流出的减少。

③客户必须拥有现时权利，能够主导该商品的使用并从中获得几乎全部经济利益；如果客户只能在未来的某一期间主导该商品的使用并从中获益，则表明其尚未取得该商品的控制权。

（二）收入确认的前提条件

企业与客户之间的合同同时满足下列条件的，企业应当在客户取得相关商品控制权时确认收入。

（1）该合同明确了合同各方与所转让的商品相关的权利和义务。

（2）该合同有明确的与所转让的商品相关的支付条款。

（3）合同各方已批准该合同并承诺将履行各自义务。

（4）该合同具有商业实质，即履行该合同将改变企业未来现金流量的风险、时间分布或金额。

【敲黑板】什么叫商业实质？商业实质通俗理解叫“互通有无”，指的是双方交换的必须是不同质的物品时，才有交换的动因和可能。假设甲公司有一头牛，乙公司有一只羊，经双方同意，甲公司可以用牛和乙公司的羊进行交换，这个交换就是不同质的商品交换，具备商业实质。但是如果甲公司有一头牛，乙公司也有一头“一模一样”的牛，甲公司和乙公司进行所谓“牛和牛”的交换，这种交换是同质的交换，不具备商业实质。

（5）企业因向客户转让商品而有权取得的对价很可能收回。

【敲黑板】“很可能”的概率区间为：50% ＜发生的可能性≤ 95%。

（三）收入确认和计量的步骤（五步法）

收入确认和计量的步骤如表 5-6-1 所示。

表5-6-1　收入确认和计量的步骤

步骤	内容	实质
第一步	识别与客户订立的合同	收入确认
第二步	识别合同中的单项履约义务	
第三步	确定交易价格	收入计量
第四步	将交易价格分摊至各单项履约义务	
第五步	履行各单项履约义务时确认收入	收入确认

【例题】202× 年 1 月 1 日，某餐馆卖给小华一碗牛肉面，约定晚上 23:59 由该餐馆配送至小华家，总价款 35 元；该餐馆牛肉面的单独售价为 30 元，配送费单独售价为 10 元。（假设控制权在付款时已转移）

此例题的收入确认和计量步骤参见表 5-6-2。

表5-6-2　收入确认和计量步骤的实际应用

步骤	应用
第一步：识别合同	口头合同
第二步：识别合同中的单项履约义务	①卖牛肉面； ②送货上门
第三步：确定交易价格	总价款 35 元
第四步：将交易价格分摊至各单项履约义务	①卖牛肉面应确认收入＝35×30÷（30＋10）＝26.25（元） ②送货上门服务应确认收入＝35×10÷（30＋10）＝8.75（元）
第五步：履行各单项履约义务时确认收入	①付款时控制权转移，确认销售牛肉面的收入； ②送货上门验收无误时，确认送货上门服务收入

二、账户设置

企业通常设置以下账户对销售业务进行会计核算。

（一）“主营业务收入”账户

“主营业务收入”账户属于损益类账户，用以核算企业销售库存商品和提供工业性劳务所实现的收入。该账户应按照产品（或劳务）收入类别设置明细账户，进行明细核算。

该账户贷方登记企业实现的主营业务收入；借方登记期末结转到“本年利润”的主营业务收入；期末结转后，该账户应无余额。“主营业务收入”账户的结构和内容如图 5-6-1 所示。

借方　主营业务收入　贷方

借方	贷方
期末结转到“本年利润”的主营业务收入	企业实现的主营业务收入

图5-6-1　“主营业务收入”账户的结构和内容

（二）“其他业务收入”账户

“其他业务收入”账户属于损益类账户，用以核算企业除主营业务以外的其他经营活动实现的收入，包括销售材料的收入，出租固定资产、无形资产等的租金收入。该账户可按其他业务的种类设置明细账户，进行明细分类核算。

该账户贷方登记企业实现的销售材料等其他业务收入；借方登记期末结转到“本年利润”的其他业务收入；期末结转后，该账户无余额。“其他业务收入”账户的结构和内容如图 5-6-2 所示。

借方　其他业务收入　贷方

借方	贷方
期末结转到“本年利润”的其他业务收入	企业实现的销售材料等其他业务收入

图5-6-2　“其他业务收入”账户的结构和内容

（三）“应收账款”账户

“应收账款”账户属于资产类账户，用以核算企业因销售库存商品、原材料和提供工业性劳务等应向购货方或接受劳务方收取的款项。该账户应按购货单位或接受劳务单位设置明细账户。

该账户借方登记企业发生上述业务而应收取的款项，贷方登记企业已经收回的应收款项。期末余额通常在借方，反映期末企业尚未收回的款项；如果期末余额出现在贷方，则反映企业预收的款项。“应收账款”账户的结构和内容如图 5-6-3 所示。

借方　　应收账款	贷方
期初余额	
企业销售库存商品、原材料及提供工业性劳务等应收的款项	已经收回的应收账款
期末企业尚未收回的应收账款	企业预收的账款

图5-6-3　“应收账款”账户的结构和内容

（四）“应收票据”账户

“应收票据”账户属于资产类账户，用以核算企业销售商品、提供劳务等而收到购买单位开出、承兑的商业汇票。该账户可以按开出、承兑商业汇票的单位设置明细账户，也可以不设置明细账户，但企业都应设置“应收票据备查簿”，逐笔登记每一应收票据的详细资料，应收票据结清或退票时，应在备查簿中予以注销。

该账户借方登记企业收到购买单位开出、承兑的商业汇票的票面金额；贷方登记到期收款、中途转让、到期前向银行贴现等转出的票面金额；期末余额在借方，表示期末企业持有的商业汇票的票面金额。“应收票据”账户的结构和内容如图 5-6-4 所示。

借方　　应收票据	贷方
期初余额	
收到购买单位开出、承兑的商业汇票的票面金额	转出的票面金额
期末企业持有的商业汇票的票面金额	

图5-6-4　“应收票据”账户的结构和内容

（五）“主营业务成本”账户

“主营业务成本”账户属于损益类账户，用以核算企业确认销售商品、提供劳务等主营业务收入时应结转的成本。该账户可按主营业务的种类设置明细账户，进行明细分类核算。

该账户借方登记企业销售商品、提供劳务等主营业务发生的实际成本；贷方登记期末结转到“本年利润”账户的主营业务成本；期末结转后，该账户无余额。“主营业务成本”账户的结构和内容如图 5-6-5 所示。

借方	主营业务成本 贷方
企业销售商品、提供劳务等主营业务发生的实际成本	期末结转到“本年利润”账户的主营业务成本

图5-6-5　“主营业务成本”账户的结构和内容

（六）“其他业务成本”账户

“其他业务成本”账户属于损益类账户，用以核算企业确认的除主营业务活动以外的其他经营活动所发生的支出，包括销售材料的成本、出租固定资产的折旧额、出租无形资产的摊销额、出租包装物的成本或摊销额等。该账户可按其他业务的种类设置明细账户，进行明细分类核算。

该账户借方登记企业销售材料等非主营业务的其他业务的支出额；贷方登记期末结转到“本年利润”账户的其他业务的支出额；期末结转后，该账户无余额。“其他业务成本”账户的结构和内容如图 5-6-6 所示。

借方	其他业务成本 贷方
企业销售材料等非主营业务的其他业务的支出额	期末结转到“本年利润”账户的其他业务的支出额

图5-6-6　“其他业务成本”账户的结构和内容

（七）“税金及附加”账户

“税金及附加”账户属于损益类账户，用以核算企业经营活动应负担的相关税费，包括消费税、城市维护建设税、教育费附加、房产税、资源税、城镇土地使用税、车船税、印花税等。

该账户借方登记企业应按规定计算确定的与经营活动相关的税费，贷方登记期末结转到“本年利润”的与经营活动相关的税费；期末结转后，该账户无余额。“税金及附加”账户的结构和内容如图 5-6-7 所示。

第五章

借方	税金及附加	贷方
企业应按规定计算确定的与经营活动相关的税费	期末结转到“本年利润”的与经营活动相关的税费	

图5-6-7　“税金及附加”账户的结构和内容

三、账务处理

（一）销售商品等主营业务

1. 确认收入

借：银行存款（收到货款）

　　应收账款（货款尚未收到）

　　应收票据（收到商业汇票）

　　合同负债（已预收货款）

　　贷：主营业务收入

　　　　应交税费——应交增值税（销项税额）

2. 结转成本

借：主营业务成本

　　贷：库存商品

【例题】甲公司于10月1日销售商品，开出的增值税专用发票上注明售价为600 000元，增值税税额为102 000元；商品已经发出，款项已收到存入银行；该批商品的成本为420 000元。

甲公司应做出如下会计分录：

（1）确认收入。

借：银行存款　　702 000

　　贷：主营业务收入　　600 000

　　　　应交税费——应交增值税（销项税额）　　102 000

（2）结转成本。

借：主营业务成本　　420 000

　　贷：库存商品　　420 000

【例题】甲公司于10月1日销售商品，开出的增值税专用发票上注明售价为600 000元，增值税税额为 102 000 元；商品已经发出，收到商业汇票一张；该批商品的成本为 420 000 元。

甲公司应做出如下会计分录：

借：应收票据　　702 000

　　贷：主营业务收入　　600 000

　　　　应交税费——应交增值税（销项税额）　　102 000

借：主营业务成本　　420 000

　　贷：库存商品　　420 000

【例题】甲公司采用预收货款的方式销售商品，9 月 1 日预收了乙公司 50 000 元货款。甲公司于 10 月 1 日发出了商品，开出的增值税专用发票上注明售价为 600 000 元，该批商品的成本为 420 000 元。余下的款项甲公司在同日补收。假定本题不考虑增值税等因素。

甲公司应做出如下会计分录：

（1）9 月 1 日预收 50 000 元货款。

借：银行存款　　50 000

　　贷：合同负债　　50 000

((2）10 月 1 日发出商品并补收款项时。

借 : 合同负债　　50 000

　　银行存款　　550 000

　　贷 : 主营业务收入　　600 000

借 : 主营业务成本　　420 000

　　贷 : 库存商品　　420 000

（二）销售材料等其他业务的账务处理

其他业务收入是指企业主营业务收入以外的其他经营活动实现的收入, 主要包括销售材料、出租包装物和商品、出租固定资产、出租无形资产等实现的收入。

【例题】甲公司将一批生产用的原材料销售给乙公司，增值税专用发票列明价款 10 000 元、增值税税额为 1 700 元, 共计 11 700 元, 材料已经发出, 同时收到款项。该批材料成本是 8 000 元。

甲公司应做出如下会计分录：

借：银行存款　　11 700

　　贷：其他业务收入　　10 000

　　　　应交税费——应交增值税（销项税额）　　1 700

借：其他业务成本　　8 000

　　贷：原材料　　8 000

【敲黑板】主营业务和其他业务的划分并不是绝对的，一个企业的主营业务可能是另一个企业的其他业务，即便在同一个企业，不同期间的主营业务和其他业务的内容也不是固定不变的。

（三）税金及附加的账务处理

企业按规定计算确定的消费税、城市维护建设税、资源税和教育费附加等税费，应借记“税金及附加”科目，贷记“应交税费”科目。期末，应将“税金及附加”科目余额结转入“本年利润”科目，借记“本年利润”科目，贷记“税金及附加”科目。

【例题】甲公司 202× 年 2 月 1 日取得应纳消费税的销售商品收入 4 000 000 元，适用的消费税税率为 25%。甲公司应做出如下会计分录：

（1）计算应纳消费税额时。

借：税金及附加　　1 000 000（4 000 000×25%）

　　贷：应交税费——应交消费税　　1 000 000

（2）缴纳消费税时。

借：应交税费——应交消费税　　1 000 000

　　贷：银行存款　　1 000 000

【例题】甲公司本期实际应纳增值税 400 000 元，消费税 241 000 元，城市维护建设税税率为 7%，教育费附加率为 3%。

甲公司应做出如下会计分录：

计算城市维护建设税、教育费附加：

城建税＝（400 000 ＋ 241 000）×7% ＝ 44 870（元）

教育费附加＝（400 000 ＋ 241 000）×3% ＝ 19 230（元）

（1）计提。

借：税金及附加　　64 100

　　贷：应交税费——应交城市维护建设税　　44 870

　　　　　　　　——应交教育费附加　　19 230

（2）缴纳。

借：应交税费——应交城市维护建设税　　44 870

　　　　　　——应交教育费附加　　19 230

　　贷：银行存款　　64 100

第七节　期间费用的核算

一、期间费用的构成

期间费用是指企业日常活动中不能直接归属于某个特定成本核算对象的，在发生时应直接记入当期损益的各种费用。期间费用具体包括销售费用、管理费用和财务费用。

（一）销售费用

销售费用是指企业在销售商品和材料、提供劳务过程中发生的各项费用，包括保险费、包装费、展览费和广告费、商品维修费、预计产品质量保证损失、运输费、装卸费等，以及为销售本企业商品而专设的销售机构（含销售网点、售后服务网点等）的职工薪酬、业务费、折旧费等经营费用。企业发生的与专设销售机构相关的固定资产日常修理费用等后续支出也属于销售费用。其分类如图 5-7-1 所示。

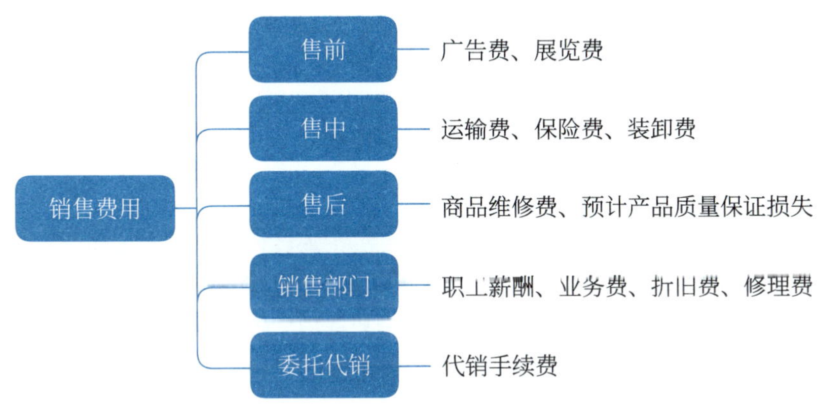

图5-7-1　企业销售费用的分类

（二）管理费用

管理费用是指企业为组织和管理生产经营活动而发生的各种费用，包括企业在筹建期间发生的开办费、董事会和行政管理部门在企业的经营管理中发生的以及应当由企业统一负担的公司经费、行政管理部门负担的工会经费、董事会费、聘请中介机构费、咨询费（含顾问费）、诉讼费、业务招待费、技术转让费、研究费用、排污费以及企业生产车间和行政管理部门发生的固定资产日常修理费用等。管理费用包括的内容很杂，其分类如图 5-7-2 所示。

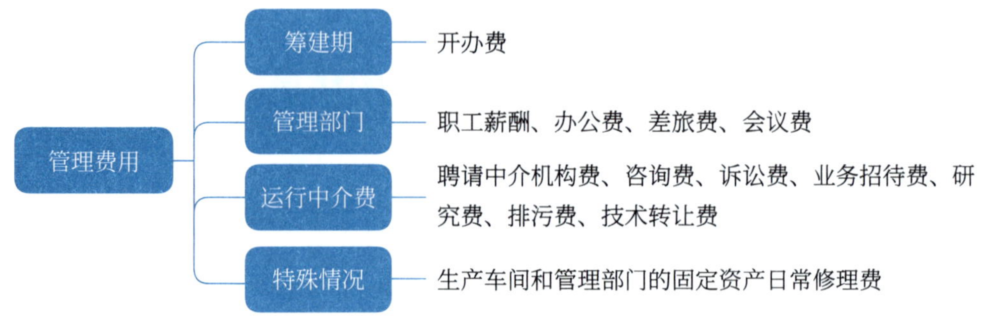

图5-7-2 企业管理费用的分类

（三）财务费用

财务费用是指企业为筹集生产经营所需资金等而发生的筹资费用，包括利息支出（减利息收入）、汇兑损益以及相关的手续费等。

【敲黑板】新收入准则下，企业在销售商品时给予客户的现金折扣，应当按照收入准则关于可变对价的相关规定进行会计处理。

二、账户设置

企业通常设置以下账户对期间费用业务进行会计核算。

（一）“销售费用”账户

“销售费用”账户属于损益类账户，用以核算企业发生的各项销售费用。

该账户借方登记企业日常活动中发生的各项销售费用；贷方登记期末结转到“本年利润”账户的销售费用；期末结转后，该账户无余额。“销售费用”账户的结构和内容如图5-7-3所示。

借方　　　　销售费用	贷方
企业日常活动中发生的各项销售费用	期末结转到“本年利润”账户的销售费用

图5-7-3 “销售费用”账户的结构和内容

（二）“管理费用”账户

“管理费用”账户属于损益类账户，用以核算企业为组织和管理企业生产经营活动所发生

第五章

的各项费用。

该账户借方登记企业日常活动中发生的各项管理费用；贷方登记期末结转到“本年利润”账户的管理费用；期末结转后，该账户无余额。“管理费用”账户的结构和内容如图5-7-4所示。

借方	管理费用　　　贷方
企业日常活动中发生的各项管理费用	期末结转到“本年利润”账户的管理费用

图5-7-4　“管理费用”账户的结构和内容

（三）“财务费用”账户

“财务费用”账户属于损益类账户，用以核算企业为筹集生产经营所需资金等而发生的筹资费用。

该账户借方登记手续费、利息费用等的增加额；贷方登记应冲减财务费用的利息收入等；期末结转后，该账户无余额。“财务费用”账户的结构和内容如图5-7-5所示。

借方	财务费用　　　贷方
登记手续费、利息费用等的增加额	应冲减财务费用的利息收入等

图5-7-5　“财务费用”账户的结构和内容

三、账务处理

【例题】202× 年3月，甲公司当月发生下列业务：

（1）开出转账支票支付广告费5 000元。

（2）用现金支付业务招待费700元。

（3）企业转账支付金融机构手续费500元。

（4）收到银行通知，本月银行存款利息300元到账。

甲公司应做出如下会计分录：

（1）借：销售费用　　5 000

　　　　贷：银行存款　　5 000

（2）借：管理费用　　　700
　　　　贷：库存现金　　700

（3）借：财务费用　　　500
　　　　贷：银行存款　　500

（4）借：银行存款　　　300
　　　　贷：财务费用　　300

第八节　利润形成和分配业务的核算

一、利润形成的账务处理

（一）利润的构成

利润是指企业在一定会计期间的经营成果，包括收入减去费用后的净额、直接记入当期利润的利得和损失等。利润由营业利润、利润总额和净利润三个层次构成。

1. 营业利润

营业利润这一指标能够比较恰当地反映企业管理者的经营业绩，其计算公式如下：

营业利润＝营业收入－营业成本－税金及附加－销售费用－管理费用－财务费用－资产减值损失－信用减值损失＋公允价值变动收益（－公允价值变动损失）＋投资收益（－投资损失）＋其他收益＋资产处置收益（－资产处置损失）

其中：

营业收入＝主营业务收入＋其他业务收入

营业成本＝主营业务成本＋其他业务成本

2. 利润总额

利润总额又称税前利润，是营业利润加上营业外收入减去营业外支出后的金额，其计算公式如下：

利润总额＝营业利润＋营业外收入－营业外支出

3. 净利润

净利润又称税后利润，是利润总额扣除所得税费用后的净额，其计算公式如下：

净利润＝利润总额－所得税费用

【例题】某企业本月主营业务收入为 500 000 元，其他业务收入为 60 000 元，营业外收入为40 000元，主营业务成本为260 000元，其他业务成本为50 000元，税金及附加为15 000元，营业外支出为25 000元，管理费用为20 000元，销售费用为30 000元，财务费用为5 000元，生产成本为5 000元，制造费用为5 000元，所得税费用为48 750元。分别计算当期的营业利润、利润总额、净利润。

营业利润＝（500 000＋60 000）－（260 000＋50 000）－15 000－20 000－30 000－5 000＝180 000（元）

利润总额＝180 000＋40 000－25 000＝195 000（元）

净利润＝195 000－48 750＝146 250（元）

（二）账户设置

企业通常设置以下账户对利润形成业务进行会计核算。

1.“投资收益”账户

“投资收益”账户属于损益类账户，用以核算企业确认的投资收益或投资损失。该账户可按投资项目设置明细账户，进行明细分类核算。

该账户贷方登记企业实现的投资收益和期末转入“本年利润”账户的投资净损失；借方登记企业发生的投资损失和期末转入“本年利润”账户的投资净收益；期末结转后，该账户无余额。“投资收益”账户的结构和内容如图5-8-1所示。

借方　　投资收益	贷方
企业发生的投资损失 期末转入“本年利润”账户的投资净收益	企业实现的投资收益 期末转入“本年利润”账户的投资净损失

图5-8-1　“投资收益”账户的结构和内容

2.“营业外收入”账户

“营业外收入”账户属于损益类账户，用以核算企业发生的各项营业外收入。该账户可按营业外收入项目设置明细账户，进行明细分类核算。

该账户贷方登记企业实现的营业外收入，即营业外收入的增加额；借方登记会计期末转入“本年利润”账户的营业外收入；期末结转后，该账户无余额。“营业外收入”账户的结构和内容如图5-8-2所示。

第五章

借方	营业外收入	贷方
会计期末转入“本年利润”账户的营业外收入		企业实现的营业外收入

图5-8-2 “营业外收入”账户的结构和内容

3. “营业外支出”账户

“营业外支出”账户属于损益类账户，用以核算企业发生的各项营业外支出。该账户可按支出项目设置明细账户，进行明细分类核算。

该账户借方登记企业发生的营业外支出，即营业外支出的增加额；贷方登记期末转入“本年利润”账户的营业外支出；期末结转后，该账户无余额。“营业外支出”账户的结构和内容如图 5-8-3 所示。

借方	营业外支出	贷方
企业发生的营业外支出		期末转入“本年利润”账户的营业外支出

图5-8-3 “营业外支出”账户的结构和内容

4. “所得税费用”账户

“所得税费用”账户属于损益类账户，用以核算企业确认的应从当期利润总额中扣除的所得税费用。

该账户借方登记企业按税法规定计算确定的当期所得税和递延所得税费用；贷方登记企业计算确定的递延所得税收益和期末转入“本年利润”账户的所得税；期末结转后，该账户无余额。“所得税费用”账户的结构和内容如图 5-8-4 所示。

借方	所得税费用	贷方
企业按税法规定计算确定的当期所得税和递延所得税费用		企业计算确定的递延所得税收益和期末转入“本年利润”账户的所得税

图5-8-4 “所得税费用”账户的结构和内容

5. “本年利润”账户

“本年利润”账户属于所有者权益类账户，用以核算企业当期实现的净利润（或发生的净亏损）。企业期（月）末结转利润时，应将各损益类账户的金额转入本账户，结平各损益类账户。

该账户贷方登记企业期（月）末转入的主营业务收入、其他业务收入、营业外收入和投资收益等；借方登记企业期（月）末转入的主营业务成本、税金及附加、其他业务成本、管理费用、财务费用、销售费用、营业外支出、投资损失和所得税费用等。

上述结转完成后，余额如在贷方，即为当期实现的净利润；余额如在借方，即为当期发生的净亏损。

年度终了，应将本年收入和支出相抵后结出的本年实现的净利润（或发生的净亏损），转入“利润分配——未分配利润”账户贷方（或借方），结转后本账户无余额。“本年利润”账户的结构和内容如图 5-8-5 所示。

借方　　本年利润	贷方
企业期（月）末转入的主营业务成本、税金及附加、其他业务成本、管理费用、财务费用、销售费用、营业外支出、投资损失和所得税费用等	企业期（月）末转入的主营业务收入、其他业务收入、营业外收入和投资收益等
当期发生的净亏损	当期实现的净利润

图5-8-5　“本年利润”账户的结构和内容

（三）账务处理

1. 利润总额形成的账务处理

利润形成的账务处理主要涉及的是期末结转业务。期末，将损益类账户的贷方（或借方）余额转入“本年利润”账户的借方（或贷方）。结转后，损益类账户的余额为零。

【例题】甲公司 202× 年有关损益类科目的年末余额如表 5-8-1 所示。

表5-8-1 甲公司202×年有关损益类科目的年末余额 单位：元

账户名称	结账前余额	
	借方	贷方
主营业务收入		6 000 000
其他业务收入		700 000
公允价值变动损益		150 000
投资收益		600 000
营业外收入		50 000
主营业务成本	4 000 000	
其他业务成本	400 000	
税金及附加	80 000	
销售费用	500 000	
管理费用	770 000	
财务费用	200 000	
资产减值损失	100 000	
营业外支出	250 000	
所得税费用	0	

甲公司 202× 年末应编制的结转本年利润的会计分录如下：

（1）结转各项收入、利得类科目。

借：主营业务收入 6 000 000

其他业务收入 700 000

公允价值变动损益 150 000

投资收益 600 000

营业外收入　　　　　　　50 000

贷：本年利润　　　　　　　7 500 000

（2）结转各项费用、损失类科目。

借：本年利润　　　　　　6 300 000

贷：主营业务成本　　　　4 000 000

其他业务成本　　　　400 000

税金及附加　　　　　80 000

销售费用　　　　　　500 000

管理费用　　　　　　770 000

财务费用　　　　　　200 000

资产减值损失　　　　100 000

营业外支出　　　　　250 000

2. 所得税费用的账务处理

根据企业会计准则的规定，所得税费用是指应交所得税和递延所得税之和。其计算公式为：

所得税费用＝应交所得税＋递延所得税

递延所得税涉及的内容较难，零基础入门阶段就不给读者介绍了，这里主要介绍应交所得税。

应交所得税是指企业按照税法规定计算确定的针对当期发生的交易和事项应交纳给税务部门的所得税金额。其计算公式为：

应交所得税金额＝应纳税所得额 × 所得税税率

其中，应纳税所得额是在企业税前会计利润（即利润总额）的基础上调整确定的，计算公式为：

应纳税所得额＝税前会计利润＋纳税调整增加额－纳税调整减少额

纳税调整增加额主要包括超过税法规定扣除标准的业务招待费、公益性损益支出、广告费、业务宣传费等，以及税收滞纳金、罚款、罚金。

纳税调整减少额主要包括按税法规定允许弥补的亏损（五年内未弥补亏损）和准予免税项目，以及国债利息收入等。

【例题】甲公司 202× 年全年利润总额（即税前会计利润）为 1200 000 元，其中包括本年收到的国债利息收入 200 000 元，所得税税率为 25%。假定甲公司全年无其他纳税调整因素。

甲公司有关的会计处理如下：

应纳税所得额＝ 1200 000 － 200 000 ＝ 1 000 000（元）

当期应交所得税金额＝ 1 000 000×25% ＝ 250 000（元）

甲公司应交所得税的分录如下：

（1）确认应交所得税。

借：所得税费用　　　　　　　　250 000

　　贷：应交税费——应交所得税　　　　250 000

（2）实际上缴所得税时。

借：应交税费——应交所得税　　250 000

　　贷：银行存款　　　　　　　　　　250 000

（3）期末，将所得税费用结转记入“本年利润”账户。

借：本年利润　　　　　　　　250 000

　　贷：所得税费用　　　　　　　　250 000

二、利润分配的账务处理

利润分配是指企业根据国家有关规定和企业章程、投资者协议等，对企业当年可供分配利润指定其特定用途和分配给投资者的行为。

（一）利润分配的顺序

利润分配的顺序如图 5-8-6 所示。

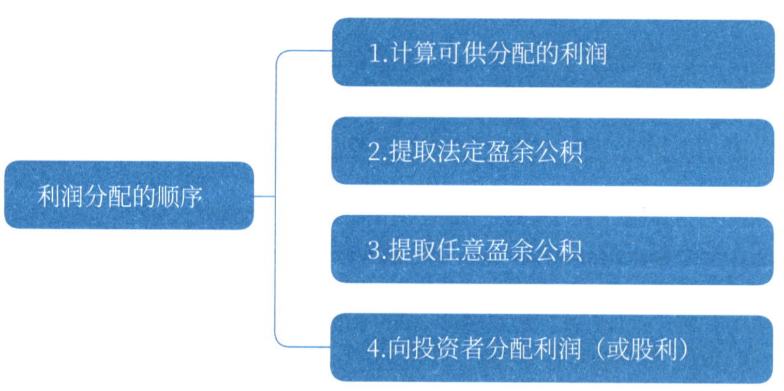

图5-8-6　利润分配的顺序

1. 计算可供分配的利润

企业在利润分配前，应根据本年净利润（或亏损）与年初未分配利润（或亏损）、其他转入的金额（如盈余公积弥补的亏损）等项目，计算可供分配的利润：

可供分配的利润＝净利润（或亏损）＋年初未分配利润－弥补以前年度的亏损＋其他转入的金额

如果可供分配的利润为负数（即累计亏损），则不能进行后续分配；如果可供分配的利润为正数（即累计盈利），则可进行后续分配。

【例题】公司年初未分配利润为 10 万元，本年实现净利润 200 万元。

可供分配的利润＝ 10 ＋ 200 ＝ 210（万元）

可供分配利润为正数（累计盈利），进行分配。

【例题】公司年初未分配利润为－ 10 万元，本年实现净利润 200 万元。

可供分配的利润＝（－ 10）＋ 200 ＝ 190（万元）

可供分配利润为正数（累计盈利），进行分配。

【例题】公司年初未分配利润为－ 310 万元，本年实现净利润 200 万元。

可供分配的利润＝（－ 310）＋ 200 ＝－ 110（万元）

可供分配利润为负数（即累计亏损），不进行分配。

2. 提取法定盈余公积

按照《中华人民共和国公司法》的有关规定，公司应当按照当年净利润（抵减年初累计亏损后）的 10% 提取法定盈余公积，提取的法定盈余公积累计额超过注册资本 50% 以上的，可以不再提取。

3. 提取任意盈余公积

公司提取法定盈余公积后，经股东会或者股东大会决议，还可以从净利润中提取任意盈余公积。

4. 向投资者分配利润（或股利）

企业可供分配的利润扣除提取的盈余公积后，形成可供投资者分配的利润，即：

可供投资者分配的利润＝可供分配的利润－提取的盈余公积

（二）账户设置

企业通常设置以下账户对利润分配业务进行会计核算。

1.“利润分配”账户

“利润分配”账户属于所有者权益类账户，用以核算企业利润的分配（或亏损的弥补）和历年分配（或弥补）后的余额。该账户应当分别按“提取法定盈余公积”“提取任意盈余公积”“应付现金股利或利润”“转作股本的股利”“盈余公积补亏”“未分配利润”等进行明细核算。

该账户借方登记实际分配的利润额，包括企业提取的盈余公积和分配给投资者的利润，以及年末从“本年利润”账户转入的全年发生的净亏损；贷方登记用盈余公积弥补的亏损额等其他转入数，以及年末从“本年利润”账户转入的全年实现的净利润。贷方余额为企业历年累积的未分配利润（即可供以后年度分配的利润），借方余额为企业历年累积的未弥补亏损（即留待以后年度弥补的亏损）。“利润分配”账户的结构和内容如图 5-8-7 所示。

借方	利润分配　　　　　　　　　　　　贷方
企业提取的盈余公积 分配给投资者的利润 年末从“本年利润”账户转入的全年发生的净亏损	用盈余公积弥补的亏损额等其他转入额 年末从“本年利润”账户转入的全年实现的净利润
企业历年累积的未弥补亏损	企业历年累积的未分配利润

图5-8-7　“利润分配”账户的结构和内容

2.“盈余公积”账户

“盈余公积”账户属于所有者权益类账户，用以核算企业从净利润中提取的盈余公积。该账户应当分别按“法定盈余公积”“任意盈余公积”进行明细核算。

该账户贷方登记企业提取的盈余公积，即盈余公积的增加额；借方登记企业实际使用的盈余公积，即盈余公积的减少额；期末余额在贷方，反映企业结余的盈余公积。“盈余公积”账户的结构和内容如图 5-8-8 所示。

借方	盈余公积　　　　　　　　　　　　贷方
	期初余额
企业实际使用的盈余公积	企业提取的盈余公积
	企业结余的盈余公积

图5-8-8　“盈余公积”账户的结构和内容

3.“应付股利”账户

“应付股利”账户属于负债类账户，用以核算企业分配的现金股利或利润。该账户可按投资者进行明细核算。

该账户贷方登记企业应付给投资者的股利或利润，即股利或利润的增加额；借方登记企业实际支付给投资者的股利或利润，即应付股利的减少额；期末余额在贷方，反映期末企业应付未付的现金股利或利润。“应付股利”账户的结构和内容如图 5-8-9 所示。

借方	应付股利 贷方
	期初余额
企业实际支付给投资者的股利或利润	企业应付给投资者的股利或利润
	期末企业应付未付的现金股利或利润

图5-8-9 “应付股利”账户的结构和内容

（三）账务处理

利润分配业务的账户处理步骤如表 5-8-2 所示。

表5-8-2 利润分配业务的财务处理步骤

序号	步骤概览
1	结转净利润（或净亏损）
2	提取法定盈余公积、任意盈余公积
3	按照股东大会的决议，向投资者分配利润
4	盈余公积补亏
5	年度终了，将利润分配所属其他明细科目的余额结转至“利润分配——未分配利润”科目

1. 结转净利润（或净亏损）

会计期末，企业应将全年实现的净利润，自“本年利润”科目转入“利润分配——未分配利润”科目。

结转盈余的会计分录如表 5-8-3 所示。

表5-8-3 结转净利润的会计分录

项目	会计分录
盈余	借：本年利润 贷：利润分配——未分配利润
亏损	借：利润分配——未分配利润 贷：本年利润

2. 提取盈余公积

借：利润分配——提取法定盈余公积

——提取任意盈余公积

贷：盈余公积——法定盈余公积

——任意盈余公积

3. 按照股东大会的决议，宣告向投资者分配利润

借：利润分配——应付现金股利

贷：应付股利

向投资者分配利润的时点与方法如表 5-8-4 所示。

表5-8-4 向投资者分配利润的时点与方法

时点	现金股利	股票股利
股东大会审议通过分配方案（宣告）	借：利润分配——应付现金股利或利润 贷：应付股利	不做处理
实际发放股利	借：应付股利 贷：银行存款	借：利润分配——转作股本的股利 贷：股本

4. 盈余公积补亏

借：盈余公积

贷：利润分配——盈余公积补亏

5. 年度终了，将利润分配所属其他明细科目的余额结转至“利润分配——未分配利润”科目

借：利润分配——未分配利润

贷：利润分配——提取法定盈余公积
——提取任意盈余公积
——应付现金股利或利润
——转作股本的股利等

借：利润分配——盈余公积补亏
贷：利润分配——未分配利润

结转后，“未分配利润”明细科目若余额在贷方，表示累积未分配的利润数额；若余额在借方，则表示累积未弥补的亏损数额。

结转后，利润分配科目除“未分配利润”明细科目外，其他明细科目应无余额。

【例题】甲股份有限公司年初未分配利润为 100 000 元，本年实现净利润 2 000 000 元，提取法定盈余公积 200 000 元，宣告发放现金股利 800 000 元。

该企业应做如下会计分录：

（1）结转实现净利润。

借方	利润分配——未分配利润　贷方
	100 000

借方	本年利润　贷方
	2 000 000

借：本年利润　　　　2 000 000
贷：利润分配——未分配利润　　　　2 000 000

（2）提取法定盈余公积。

借：利润分配——提取法定盈余公积　　200 000
贷：盈余公积　　　　200 000

（3）宣告发放现金股利。

借：利润分配——应付现金股利或利润　　800 000
贷：应付股利　　　　800 000

（4）将利润分配科目所属其他明细科目的余额结转至“未分配利润”明细科目。

借：利润分配——未分配利润　　1 000 000
贷：利润分配——提取法定盈余公积　　200 000
——应付现金股利或利润　　800 000

第五章

CHAPTER 6

第六章 会计核算工作的“生命线”——会计凭证

本章主要介绍会计凭证的相关知识，涉及会计凭证的概念、种类、格式、填制与审核、传递与保管等。本章内容简单，学起来较为轻松。

第一节　会计凭证概述

一、会计凭证的概念与作用

（一）会计凭证的概念

会计凭证既是记录经济业务事项发生或完成情况的书面证明，也是登记会计账簿的依据。会计凭证是会计核算工作的起点，它对会计核算过程、会计信息质量起着至关重要的作用。为保证会计核算资料的真实性，每一项经济业务的发生，都应填制或取得会计凭证，并经有关部门和人员审核确认无误后才能作为记账的依据。例如，购入材料时取得的购货发票、领用材料时的领料单，以及会计人员填制的用以确定会计分录的记账凭证都是会计凭证。

（二）会计凭证的作用

会计凭证的作用主要体现在以下三个方面。

（1）记录经济业务，提供记账依据。

（2）明确经济责任，强化内部控制。

（3）监督经济活动，控制经济运行。

二、会计凭证的种类

由于企业类型、经济业务性质等的不同，会计凭证的种类多种多样。按照填制程序和用途的不同，会计凭证可以分为原始凭证和记账凭证。

（一）原始凭证

原始凭证又称单据，是指在经济业务发生或完成时取得或填制的，用以记录或证明经济业务的发生或完成情况的原始凭据，是编制记账凭证的依据。常用的原始凭证有现金收据、领料单（见图 6-1-1）、增值税专用（或普通）发票（见图 6-1-2）、差旅费报销单、产品入库单等。

领 料 单

No.000001

领料部门：　　　　　　　　用途：　　　　　　　　年　月　日

序号	物料编码	产品名称	规格型号	单位	领发数量	实发数量	金额							
							十	万	千	百	十	元	角	分

第一联：存根（白）　第二联：财务（红）　第三联：仓库（黄）

部门主管：　　　　　　　　仓管员：　　　　　　　　领料：

图6-1-1　领料单

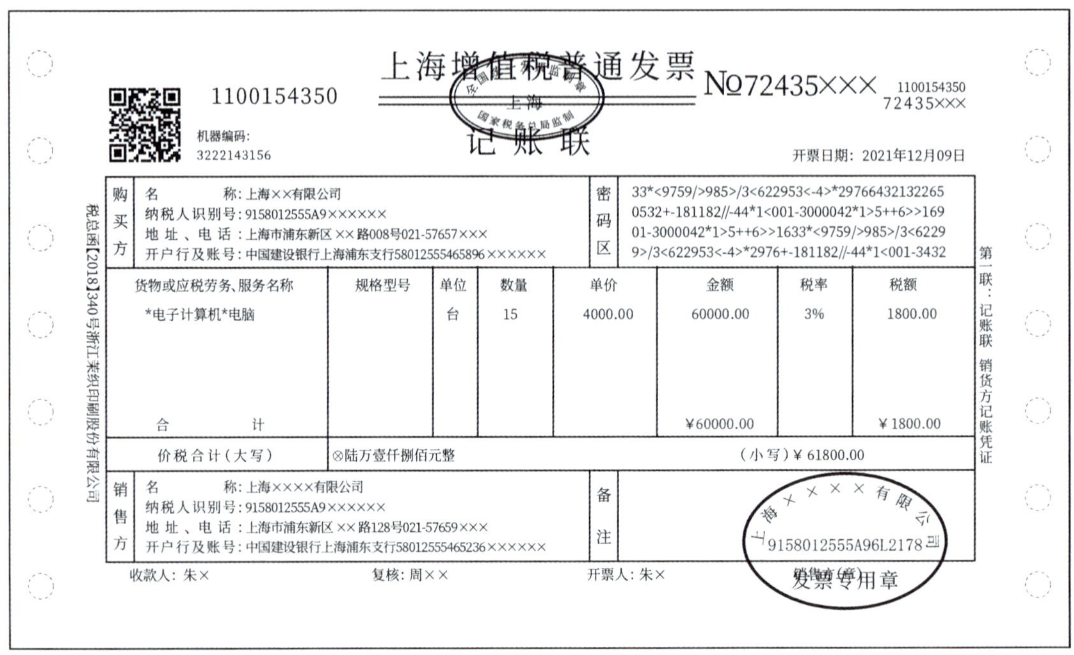

上海增值税普通发票 №72435×××

1100154350

机器编码：3222143156

记账联

1100154350
72435×××

开票日期：2021年12月09日

购买方	名　　称：上海××有限公司 纳税人识别号：9158012555A9×××××× 地 址 、电 话：上海市浦东新区××路008号021-57657××× 开户行及账号：中国建设银行上海浦东支行58012555465896××××××	密码区	33*<9759/>985>/3<622953<-4>*29766432132265 0532+-181182//-44*1<001-3000042*1>5++6>>169 01-3000042*1>5++6>>1633*<9759/>985>/3<6229 9>/3<622953<-4>*2976+-181182//-44*1<001-3432

货物或应税劳务、服务名称	规格型号	单位	数量	单价	金额	税率	税额
*电子计算机*电脑		台	15	4000.00	60000.00	3%	1800.00
合　　计					¥60000.00		¥1800.00
价税合计（大写）	⊗陆万壹仟捌佰元整				（小写）¥61800.00		

销售方	名　　称：上海××××有限公司 纳税人识别号：9158012555A9×××××× 地 址 、电 话：上海市浦东新区××路128号021-57659××× 开户行及账号：中国建设银行上海浦东支行58012555465236××××××	备注	上海××××有限公司 9158012555A96L2178 发票专用章

收款人：朱×　　复核：周××　　开票人：朱×　　销售方（章）

第一联：记账联　销货方记账凭证

税总函【2018】340号浙江莱织印刷股份有限公司

图6-1-2　增值税普通发票

（二）记账凭证

记账凭证又称记账凭单，是会计人员根据审核无误的原始凭证，按照经济业务的内容加以归类，并据以确定会计分录后所填制的会计凭证，是登记会计账簿的直接依据。

不同的经济业务会有不同的原始凭证，直接根据原始凭证登记账簿容易发生错误。因此，需要把各式各样的原始凭证转换成统一格式的记账凭证，并将相关的原始凭证附在记账凭证后面。这样做既保证了记账工作的质量，也有利于原始凭证的保管，便于对账和查账，提高会计工作质量。

原始凭证、记账凭证与账簿的关系如图 6-1-3 所示。

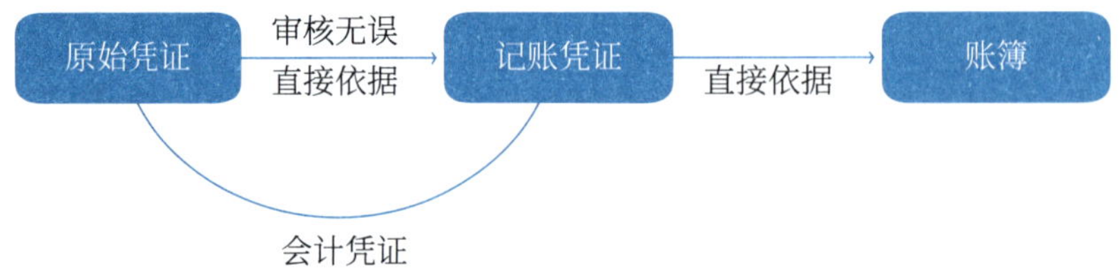

图6-1-3　原始凭证、记账凭证与账簿的关系

第二节　原始凭证

一、原始凭证的种类

原始凭证种类繁多，形式多样，为方便使用，可以按不同的分类标准将其加以分类，如图6-2-1 所示。

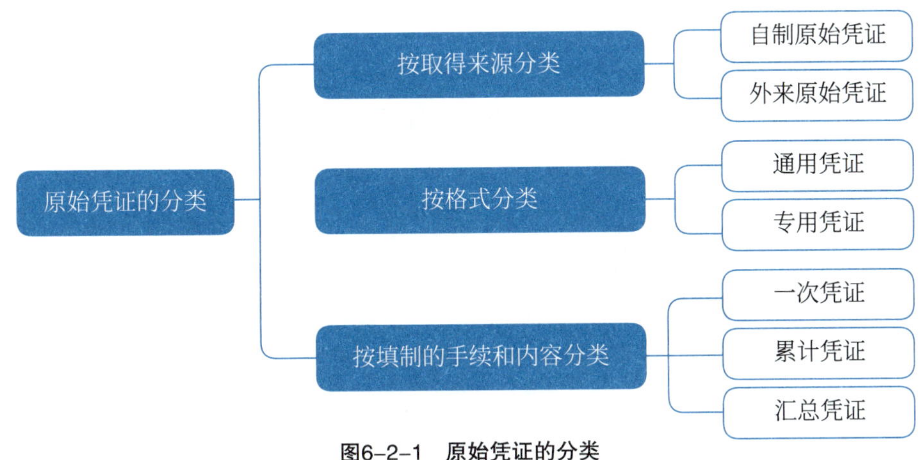

图6-2-1　原始凭证的分类

（一）按取得来源分类

原始凭证按照取得的来源，可分为自制原始凭证和外来原始凭证。

1. 自制原始凭证

自制原始凭证是指由本单位有关部门和人员，在执行或完成某项经济业务时填制的，仅供本单位内部使用的原始凭证。例如，工资费用分配表、领料单、发料凭证汇总表、产品入库单、借款单等。

2. 外来原始凭证

外来原始凭证是指在经济业务发生或完成时，从其他单位或个人直接取得的原始凭证。例如，购买原材料取得的增值税专用发票，职工出差报销的飞机票、火车票等。

（二）按格式分类

原始凭证按照格式的不同，可以分为通用凭证和专用凭证。

1. 通用凭证

通用凭证是指由有关部门统一印制、在一定范围内使用的具有统一格式和使用方法的原始凭证。通用凭证的使用范围可以是某一地区、某一行业，也可以全国通用。例如，某省（市）印制的在该省（市）通用的发票、收据等，由国家税务总局统一印制的在全国通用的增值税专用发票等。

2. 专用凭证

专用凭证是指由单位自行印制、仅在本单位内部使用的原始凭证。例如，领料单、差旅费报销单、折旧计算表、工资费用分配表等。

【敲黑板】专用凭证都属于自制原始凭证。

（三）按填制的手续和内容分类

原始凭证按照填制的手续和内容，可分为一次凭证、累计凭证和汇总凭证。

1. 一次凭证

一次凭证是指一次填制完成，只记录一笔经济业务且仅一次有效的原始凭证。例如，收据、收料单、销货发票、银行结算凭证等。

一次凭证应在经济业务发生或完成时，由相关业务人员一次填制完成。该凭证往往只能反映一项经济业务，或者同时反映若干项同一性质的经济业务。

【敲黑板】所有的外来原始凭证和大部分的自制原始凭证都属于一次凭证。

2. 累计凭证

累计凭证是指在一定时期内多次记录发生的同类型经济业务且多次有效的原始凭证。其特点是在一张凭证内可以连续登记相同性质的经济业务，随时结出累计数和结余数，并按照费用限额进行费用控制，期末按实际发生额记账。使用累计凭证，可以简化核算手续，能对材料消耗、成本管理起到事先控制的作用，是企业进行计划管理的手段之一。最典型的例子是限额领料单（见表 6-2-1）。

表6-2-1　限额领料单

<table>
<tr><th colspan="2">材料名称及规格</th><th>计量单位</th><th colspan="2">领用限额</th><th>实际领用</th><th>单价</th><th>金额</th></tr>
<tr><td colspan="2">A 材料</td><td>千克</td><td colspan="2">50 千克</td><td></td><td>10 元</td><td>5 000 元</td></tr>
<tr><td rowspan="2">日期</td><td colspan="4">领用</td><td colspan="3" rowspan="2">限额结余</td></tr>
<tr><td>请领数量</td><td>实发数量</td><td>发料签章</td><td>领料签章</td></tr>
<tr><td>4 月 1 日</td><td>10 千克</td><td>10 千克</td><td>李华</td><td>王红</td><td colspan="3">40 千克</td></tr>
<tr><td>4 月 2 日</td><td>10 千克</td><td>10 千克</td><td>李华</td><td>王红</td><td colspan="3">30 千克</td></tr>
<tr><td>4 月 3 日</td><td>10 千克</td><td>10 千克</td><td>李华</td><td>王红</td><td colspan="3">20 千克</td></tr>
</table>

累计凭证应在每次经济业务完成后，由相关人员在同一张凭证上重复填制完成。该凭证能在一定时期内不断重复地反映同类经济业务的完成情况。

3. 汇总凭证

汇总凭证是指对一定时期内反映经济业务内容相同的若干张原始凭证，按照一定标准综合填制的原始凭证。它合并了同类型经济业务，简化了记账工作量。常用的汇总原始凭证有发出材料汇总表（见表 6-2-2）、工资结算汇总表、差旅费报销单。

表6-2-2　甲公司材料凭证汇总表

202×年6月30日

项目	甲材料		乙材料		丙材料		金额合计（元）
	数量（千克）	金额（元）	数量（千克）	金额（元）	数量（千克）	金额（元）	
生产 A 产品耗用	1 000	6 000	600	1 200	2 000	16 000	23 200
生产 B 产品耗用	1 000	6 000	300	600	1 000	8 000	14 600
小计	2 000	12 000	900	1 800	3 000	24 000	3 800
车间一般耗用 行政管理部门耗用	500	3 000	100	200	100	800	37 800 200
合计	2 500	15 000	1 000	2 000	3 100	24 800	41 800

复核（签章）：　　　　　　　　　　　　制表（签章）：

汇总凭证应由相关人员在汇总一定时期内反映同类经济业务的原始凭证后填制完成。该凭证只能将类型相同的经济业务进行汇总，不能汇总两类或两类以上的经济业务。

二、原始凭证的基本内容

由于经济业务的性质不同，记录不同经济业务的原始凭证的形式和具体内容也有所不同，但所有的原始凭证都应当具备以下基本内容（见图 6-2-2）。

（1）凭证的名称。

（2）填制凭证的日期。

（3）填制凭证的单位名称或者填制人姓名。

（4）经办人员的签名或者盖章。

（5）接受凭证的单位名称。

（6）经济业务内容。

（7）数量、单价和金额。

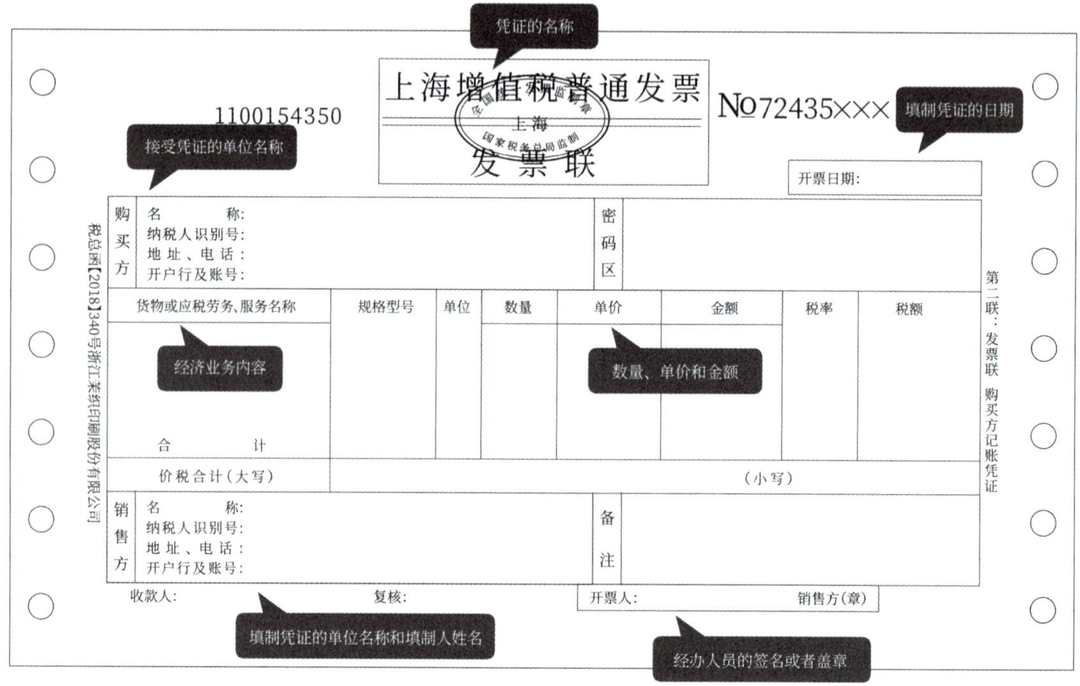
上海增值税普通发票

1100154350

全国统一发票监制章 上海 国家税务总局监制

发票联

№72435×××

开票日期：

购买方	名　称： 纳税人识别号： 地址、电话： 开户行及账号：	密码区					
货物或应税劳务、服务名称	规格型号	单位	数量	单价	金额	税率	税额
合　计							
价税合计（大写）	（小写）						
销售方	名　称： 纳税人识别号： 地址、电话： 开户行及账号：	备注					

收款人：　　复核：　　开票人：　　销售方（章）

税总函【2018】340号浙江某织印刷股份有限公司

第二联：发票联　购买方记账凭证

图6-2-2　增值税普通发票的基本内容

三、原始凭证的填制要求

（一）基本要求

原始凭证是编制记账凭证的依据，是会计核算最基础的资料。为了保证原始凭证能够真实、正确、完整、及时地反映经济业务，确保会计核算资料的质量，填制原始凭证必须符合一定的要求。

1. 记录真实

原始凭证所填列的日期，经济业务内容、数量和金额等，必须真实可靠，符合实际情况。

2. 内容完整

原始凭证所要求填列的项目必须填列齐全，不得遗漏和省略。项目填列不全的原始凭证，不能作为经济业务的合法证明，也不能作为编制记账凭证的依据和附件。在填写原始凭证的过程中应注意以下几点。

（1）年、月、日要按照填制原始凭证的实际日期填写。

（2）名称要齐全，不能简化。

（3）品名或用途要填写明确，不能含混不清。

（4）有关人员的签章必须齐全。

3. 手续完备

取得的原始凭证必须手续完备，只有手续完备的原始凭证才能明确经济责任，确保凭证的合法性、真实性。原始凭证的手续完备具体体现在以下几点。

（1）单位自制的原始凭证必须有经办单位领导人或指定的人员签名盖章。

（2）对外开出的原始凭证必须加盖本单位公章。

（3）从外部取得的原始凭证，必须盖有填制单位的公章。

（4）从个人取得的原始凭证，必须有填制人员的签名或盖章。

4. 书写清楚、规范

原始凭证应按规定填写，文字要简要，字迹要清楚，易于辨认，不得使用未经国务院公布的简体字。数字和货币符号的书写要符合下列要求。

（1）阿拉伯数字应当一个一个地写，不得写连笔字。特别是在要连着写几个“0”时，也一定要单个地写，不能将几个“0”连在一起一笔写完。

（2）阿拉伯金额数字前面应当书写货币币种符号或者货币名称简写，如人民币符号为“￥”。币种符号与阿拉伯金额数字之间不得留有空白，例如“￥2 000.00”。凡阿拉伯金额数字前写有货币币种符号的，数字后面不再写货币单位。所有以元为单位的阿拉伯数字，除表示单价等情况外，一律填写到角、分；无角、分的，角位和分位可写“00”或者符号“—”；有角无分的，分位应当写“0”，不得用符号“—”代替。例如：

a. ￥2 000.00（√）￥2 000.—（√）

b. ￥ 2 000.00（×）

c. ￥2 000.30（√）￥2 000.3—（×）

（3）汉字大写数字金额如零、壹、贰、叁、肆、伍、陆、柒、捌、玖、拾、佰、仟、万、亿等，应一律用正楷或行书体书写，不得用〇、一、二、三、四、五、六、七、八、九、十等简化字代替。不得任意自造简化字。大写金额前未印有“人民币”字样的，应加写“人民币”三个字，“人民币”字样和大写金额之间不得留有空白。大写金额数字到元或角为止的，之后应当写“整”字或者“正”字。大写金额数字有分的，“分”字后面不写“整”字或者“正”字。

（4）凡填有大写和小写金额的原始凭证，大写与小写的金额必须相符。

5. 编号连续

各种凭证应当连续编号，以备查找。一式几联的原始凭证，必须注明各联的用途，并且只能以一联用作报销凭证，作废时应加盖“作废”戳记，连同存根一起保存。

6. 不得涂改、刮擦和挖补

原始凭证所记载的各项内容均不得涂改。随意涂改的原始凭证即为无效凭证，不能作为填制记账凭证或登记会计账簿的依据。

原始凭证金额有错误的，应当由出具单位重开，不得在原始凭证上更正；原始凭证有其他错误的，应当由出具单位重开或更正，更正处应当加盖出具单位印章。

7. 填制及时

各种原始凭证应及时填写，并按规定的程序及时送交会计人员进行审核，不得拖延或隔时补填。

8. 附加要求

（1）购买实物的原始凭证，必须有验收证明。

（2）支付款项的原始凭证，必须有收款单位和收款人的收款证明，不能仅以支付款项的有关凭证等代替。

（3）发生销货退回的，除填制退货发票外，还必须有退货验收证明；退款时，必须取得对方的收款收据或者汇款银行的凭证，不得以退货发票代替收据。

（4）职工公出借款凭据，必须附在记账凭证之后。收回借款时，应当另开收据或退还借款副本，不得退还原借款收据。

（5）上级有关部门批准的经济业务，应当将批准文件作为原始凭证附件。如果批准文件需要单独归档的，应当在凭证上注明文件的批准机关名称、日期和文号，以便确认经济业务的审批情况和查阅。

（二）自制原始凭证的填制要求

不同的自制原始凭证，填制要求也有所不同。

1. 一次凭证的填制

一次凭证应在经济业务发生或完成时，由相关业务人员一次填制完成。该凭证往往只能反映一项经济业务，或者同时反映若干项同一性质的经济业务。

2. 累计凭证的填制

累计凭证应在每次经济业务完成后，由相关人员在同一张凭证上重复填制完成。该凭证能在一定时期内不断重复地反映同类经济业务的完成情况。

3. 汇总凭证的填制

汇总凭证应由相关人员在汇总一定时期内反映同类经济业务的原始凭证后填制完成。该凭证只能将类型相同的经济业务进行汇总，不能汇总两类或两类以上的经济业务。

（三）外来原始凭证的填制要求

外来原始凭证应在企业同外单位发生经济业务时，由外单位的相关人员填制完成。外来原始凭证一般由税务局等部门统一印制，或经税务部门批准由经营单位印制，在填制时加盖出具凭证单位公章方为有效。对于一式多联的原始凭证必须用复写纸套写或打印机套打。

四、原始凭证的审核

只有经过审核无误的原始凭证，才能作为记账凭证的依据。

（一）审核六个方面

1. 审核原始凭证的真实性

原始凭证的真实性对会计信息的质量具有至关重要的影响。其真实性的审核包括凭证日期是否真实、摘要是否真实、业务内容是否真实、数据是否真实等内容的审查。

2. 审核原始凭证的合法性

审核原始凭证所记录的经济业务是否存在违反国家法律法规的问题，是否有贪污腐败等行为。

3. 审核原始凭证的合理性

审核原始凭证所记录的经济业务是否符合企业生产经营活动的需要，是否符合有关计划、预算和合同等的规定。

4. 审核原始凭证的完整性

审核原始凭证的内容是否齐全，包括有无漏记项目、日期是否完整、有关人员签章是否齐全等。

5. 审核原始凭证的正确性

审核原始凭证各项金额的计算及填写是否正确，有没有违反填写要求。

6. 审核原始凭证的及时性

审核时应注意审核凭证的填制日期，尤其是支票、汇票等时效性较强的原始凭证，更应仔细验证其签发日期。

（二）审核处理

原始凭证的审核是一项严谨且十分重要的工作，会计人员必须从思想和行为上高度重视，做到坚持会计制度，认真履行会计人员的职责。

在审核过程中，对于完全符合要求的原始凭证，应当及时据以编制记账凭证入账；对于真实、合法、合理但内容不够完整、填写有错误的原始凭证，应退回给有关经办人员，由其负责将有关凭证补充完整、更正错误或重开后，再办理正式会计手续；对于不真实、不合法的原始凭证，会计机构、会计人员有权不予接受，并向单位负责人报告。

第三节　记账凭证

一、记账凭证的种类

记账凭证可按不同的标准进行分类，如图 6-3-1 所示。

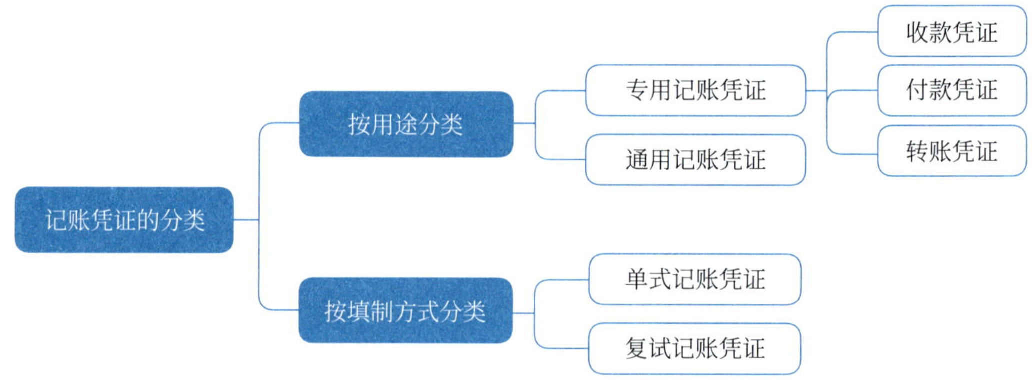

图6-3-1　记账凭证的分类

（一）按用途分类

1. 专用记账凭证

专用记账凭证是专门用来记录某一类经济业务（如收款业务、付款业务）的记账凭证，按其所记录内容是否与现金和银行存款的增减业务有关，可以分为收款凭证、付款凭证和转账凭证。

（1）收款凭证。收款凭证是指用于记录现金和银行存款收款业务的记账凭证，分为库存现金收款凭证和银行存款收款凭证。如图 6-3-2 所示，收款凭证左上角的“借方科目”按收款的性质填写“库存现金”或“银行存款”；“贷方科目”填写与收入现金或银行存款相对应的会计科目；“金额”是指该项经济业务事项的发生额；凭证右侧填写所附原始凭证张数，并在出纳及制单处签名盖章。

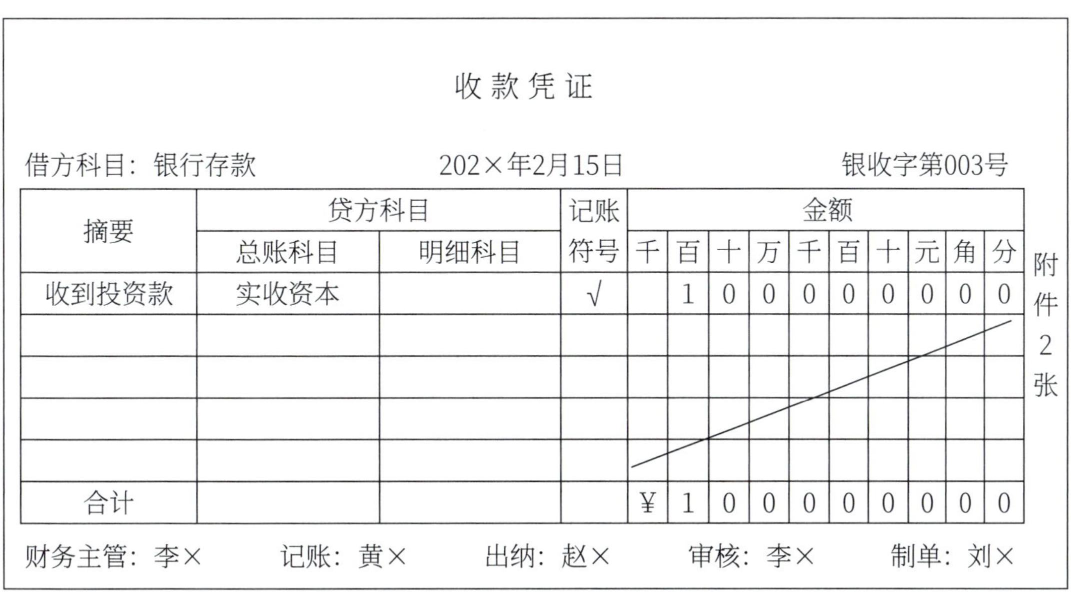

收款凭证

借方科目：银行存款　　202×年2月15日　　银收字第003号

摘要	贷方科目		记账符号	金额									
	总账科目	明细科目		千	百	十	万	千	百	十	元	角	分
收到投资款	实收资本		√		1	0	0	0	0	0	0	0	0
合计				¥	1	0	0	0	0	0	0	0	0

附件2张

财务主管：李×　　记账：黄×　　出纳：赵×　　审核：李×　　制单：刘×

图6-3-2　收款凭证

（2）付款凭证。付款凭证是指用于记录现金和银行存款付款业务的记账凭证，可分为库存现金付款凭证和银行存款付款凭证。如图 6-3-3 所示，付款凭证的编制方法与收款凭证基本相同，只是左上角为“贷方科目”，“贷方科目”按付款的性质填写“库存现金”或“银行存款”；凭证中间为“借方科目”，填写与支付现金或银行存款相对应的会计科目。

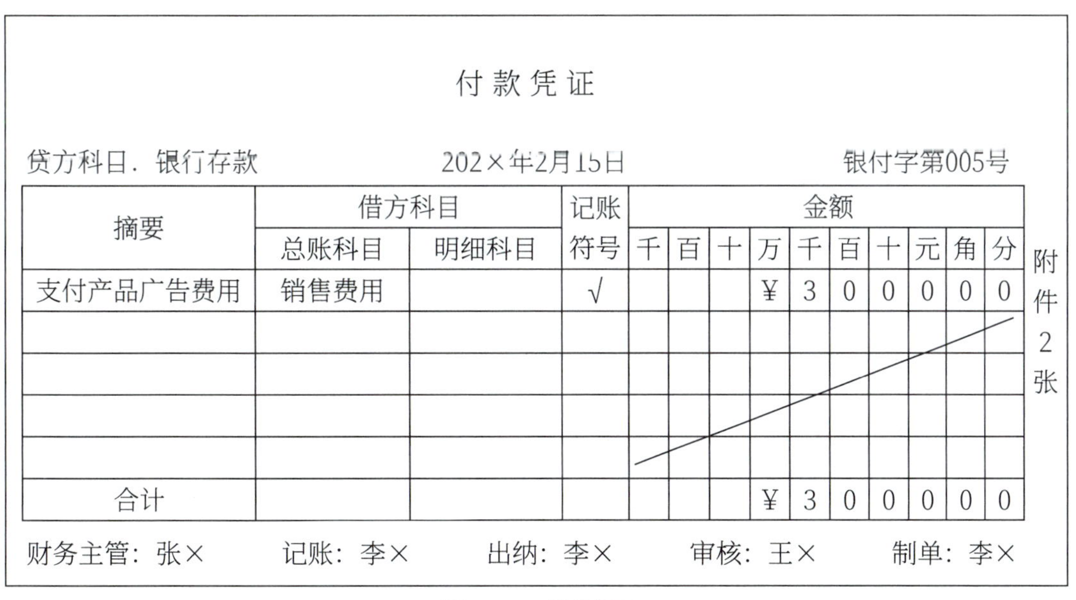

付款凭证

贷方科目：银行存款　　202×年2月15日　　银付字第005号

摘要	借方科目		记账符号	金额									
	总账科目	明细科目		千	百	十	万	千	百	十	元	角	分
支付产品广告费用	销售费用		√				¥	3	0	0	0	0	0
合计							¥	3	0	0	0	0	0

附件2张

财务主管：张×　　记账：李×　　出纳：李×　　审核：王×　　制单：李×

图6-3-3　付款凭证

（3）转账凭证。转账凭证是指用于记录不涉及库存现金和银行存款业务的记账凭证。转账凭证将经济业务事项中所涉及的全部会计科目（不包括“库存现金”和“银行存款”科目），按照先借后贷的顺序记入“总账科目”和“明细科目”，并按应借、应贷方向分别记入“借方金额”和“贷方金额”栏，其格式和填列方法如图 6-3-4 所示。

转 账 凭 证

202×年2月15日　　　　转字第12号

摘要	总账科目	明细科目	记账符号	借方金额	贷方金额
结转销售商	主营业务成本		√	119 200	
产品成本	库存商品	A产品			74 750
		B产品			44 450
合计				￥119 200	￥119 200

附件1张

财务主管：张×　记账：李×　出纳：李×　审核：李×　制单：李×

图6-3-4　转账凭证

2. 通用记账凭证

通用记账凭证是指格式统一并由各类经济业务共同使用的记账凭证，即无论是在收款、付款，还是在转账业务中都可使用通用记账凭证。其格式与转账凭证基本相同。

收款凭证、付款凭证、转账凭证的划分，工作量较大，适用于规模较大、收付款业务较多的单位。对于经济业务较简单、规模较小、收付款业务较少的单位，还可采用通用记账凭证来记录所有经济业务。

（二）按填制方式分类

记账凭证按其填列方式不同，可分为单式记账凭证和复式记账凭证。

1. 单式记账凭证

单式记账凭证是指只填列经济业务所涉及的一个会计科目及其金额的记账凭证。只填列借方科目的称为借项记账凭证，只填列贷方科目的称为贷项记账凭证。单式记账凭证便于分工记账，但不能反映某项经济业务的全貌和所涉及的会计科目之间的对应关系，如果出现差错也不容易查找。

2. 复式记账凭证

复式记账凭证是将每一笔经济业务所涉及的全部科目及其发生额均在同一张记账凭证中反映的一种凭证。上述收款凭证、付款凭证和转账凭证，以及通用记账凭证均为复式记账凭证。

复式记账凭证全面地反映了经济业务的账户对应关系，便于了解经济业务的全貌，了解资金运动的来龙去脉，有利于检查会计分录的正确性，减少凭证的张数。它是实际工作中应用最普遍的记账凭证。

二、记账凭证的基本内容

记账凭证作为登记账簿的直接依据，因其所反映经济业务的内容不同、各单位规模大小及其对会计核算繁简程度的要求不同，其内容有所差异。从记账凭证的基本格式可以看出，记账凭证的基本内容包括以下几项。

（1）填制记账凭证的日期。

（2）记账凭证的编号。

（3）经济业务事项的内容摘要。

（4）经济业务事项所涉及的会计科目及其记账方向（借方、贷方）。

（5）经济业务事项的金额。

（6）所附原始凭证张数。

（7）填制凭证人员、稽核人员、记账人员、会计机构负责人、会计主管人员签名或者盖章。

三、记账凭证的填制要求

记账凭证应根据审核无误的原始凭证或原始凭证汇总表填制。记账凭证填制正确与否，直接影响整个会计系统最终提供信息的质量。与原始凭证的填制相同，记账凭证也有记录真实、内容完整、手续齐全、填制及时等要求。

（一）记账凭证填制的基本要求

（1）记账凭证各项内容必须完整。

（2）记账凭证的书写应当清楚、规范。

（3）除结账和更正错误的记账凭证可以不附原始凭证外，其他记账凭证都必须附有原始凭证并注明所附原始凭证的张数。所附原始凭证张数的计算，一般以原始凭证的自然张数为准。

一张原始凭证如涉及几张记账凭证的，可以将该原始凭证附在一张主要的记账凭证后面，在其他记账凭证上注明该主要记账凭证的编号或者附上该原始凭证的复印件。

（4）记账凭证的填制依据。记账凭证可以根据每一张原始凭证填制，或根据若干张同类原始凭证汇总编制，也可以根据原始凭证汇总表填制。但不得将不同内容和类别的原始凭证汇总填制在一张记账凭证上。

（5）编号。一笔经济业务需要填制两张或两张以上记账凭证的，可以采用分数编号法进行编号。例如，第56笔经济业务需要填制2张记账凭证，凭证顺序号编成“56 1/2号”“56 2/2号”，前面的数表示凭证顺序，后面分数的分母表示该号凭证共有2张，分子表示2张凭证中的第1张、第2张。

（6）填制记账凭证时若发生错误，应当重新填制。

（7）记账凭证填制完成后，如有空行，应当自“金额”栏最后一笔金额数字下的空行处至合计数上的空行处画线注销，以防他人居心叵测，别有用心。具体可参考图6-3-2和图6-3-3右侧。

（二）收款凭证的填制要求

收款凭证左上角的“借方科目”应按照收款的性质填写“库存现金”或“银行存款”；“日期”填写的是填制该凭证的日期；右上角填写编制收款凭证的顺序号；“摘要”填写对所记录的经济业务的简要说明；“贷方科目”填写与“库存现金”或“银行存款”相对应的会计科目；“记账符号”是指该收款凭证已登记账簿的标记，防止经济业务重记或漏记；“金额”是指该项经济业务的发生额；凭证右边“附件 × 张”是指该收款凭证所附原始凭证的张数；最下边分别由有关人员签名或盖章，以明确经济责任。

收款凭证的会计分录只能是“一借多贷”的复合分录或“一借一贷”的简单分录。出纳人员在办理收款业务后，要在原始凭证上加盖“收讫”的戳记，以避免多收。

【例题】202× 年12月2日，甲公司为购建固定资产向A银行借款100 000元，期限两年，款项已存入企业银行存款账户。

甲公司应做出如下会计分录：

借：银行存款　　100 000

　　贷：长期借款　　100 000

甲公司应编制如图6-3-5所示的银行存款收款凭证。

收款凭证

借方科目：银行存款　　202×年12月2日　　银收字第001号

摘要	贷方总账科目		记账符号	余额	
	一级科目	明细科目			
收到银行借款	长期借款	A 银行	√	100 000	附件1张
合计					

会计主管：　记账：　出纳：　审核：　制单：

图6-3-5　甲公司银行存款收款凭证

(三) 付款凭证的填制要求

付款凭证是根据审核无误的有关库存现金和银行存款的付款业务的原始凭证填制的。付款凭证的填制方法与收款凭证基本相同，不同的是在付款凭证的左上角应填列贷方科目，即“库存现金”或“银行存款”科目，“借方科目”栏应填写与“库存现金”或“银行存款”相应的一级科目和明细科目。

付款凭证的会计分录只能是“多借一贷”的复合分录或“一借一贷”的简单分录。出纳人员在办理付款业务后，要在原始凭证上加盖“付讫”的戳记，以避免多付。

【例题】202× 年 12 月 3 日，甲公司购入一台不需安装的生产设备，买价为 20 000 元，发生运杂费 800 元，全部款项以银行存款支付，不考虑相关税费。

甲公司应做出如下会计分录：

借：固定资产　　20 800

　　贷：银行存款　　20 800

甲公司该笔业务应编制如图 6-3-6 所示的银行存款付款凭证。

付 款 凭 证

贷方科目：银行存款　　　　202×年12月3日　　　　银付字第 1 号

摘要	借方总账科目		记账符号	余额
	一级科目	明细科目		
购买生产设备	固定资产	生产设备	√	20 800
合计				

附件 1 张

会计主管：　记账：　出纳：　审核：　制单：

图6-3-6　甲公司银行存款付款凭证

【敲黑板】对于涉及“库存现金”和“银行存款”之间相互划转的经济业务，为避免重复记账，一般只编制付款凭证，不编收款凭证。例如：

（1）将现金存入银行（银行存款增加，库存现金减少）只需编制库存现金付款凭证。

（2）从银行存款中提取现金（库存现金增加，银行存款减少）只需编制银行存款付款凭证。

【例题】202× 年 12 月 7 日，签发现金支票，从银行提取现金 2 500 元备用。

会计分录如下：

借：库存现金　　2 500

　　贷：银行存款　　2 500

此时，应只编制一张银行存款的付款凭证（见图 6-3-7）。

付款凭证

贷方科目：银行存款　　　　202×年12月7日　　　　银付字第 1 号

摘要	借方总账科目		记账符号	余额
	一级科目	明细科目		
提取备用金	库存现金	备用金	√	2 500
合计				

附件1张

会计主管：　　记账：　　出纳：　　审核：　　制单：

图6-3-7　从银行提取现金的银行存款付款凭证

（四）转账凭证的填制要求

转账凭证通常是根据有关转账业务的原始凭证填制的。转账凭证中“总账科目”和“明细科目”栏应填写应借、应贷的总账科目和明细科目，借方科目应记金额应在同一行的“借方金额”栏填列，贷方科目应记金额应在同一行的“贷方金额”栏填列，“借方金额”栏合计数与“贷方金额”栏合计数应相等。此外，某些既涉及收款业务，又涉及转账业务的综合性业务，可分开填制不同类型的记账凭证。

【例题】202×年12月8日，一车间生产甲产品领用A材料350千克，单价为72元，领用B材料560千克，单价为31元。

一车间应做出如下会计分录：

借：生产成本——甲产品　　42 560

　　贷：原材料——A材料　　25 200

　　　　　　　——B材料　　17 360

该笔业务应编制如图6-3-8所示转账凭证。

转 账 凭 证

202×年12月8日　　　　转字第1号

摘要	总账科目	明细科目	记账符号	借方金额	贷方金额
领用材料	生产成本	甲产品	√	42 560	
	原材料	A材料	√		25 200
		B材料	√		17 360
合计				￥42 560	￥42 560

附件1张

财务主管：张×　记账：李×　出纳：李×　审核：李×　制单：李×

图6-3-8　一车间领用材料的转账凭证

四、记账凭证的审核

记账凭证是登记账簿的直接依据，为保证账簿记录的正确性，要求在记账前必须对已经填制的记账凭证进行严格的审核，具体审核内容包括以下几方面。

（一）内容是否真实

审核记账凭证是否有原始凭证为依据，所附原始凭证的内容是否与记账凭证内容一致。

（二）项目是否齐全

审核日期、凭证编号、摘要、会计科目、金额、所附原始凭证张数及相关人员签章等是否填写齐全。

（三）科目是否正确

审核记账凭证的应借、应贷科目是否使用正确，是否符合会计准则的相关规定。

（四）金额是否正确

审核记账凭证所记录的金额与所附的原始凭证的相关金额是否一致。

（五）书写是否正确

审核记账凭证书写是否工整、清晰，是否按规定使用蓝黑墨水。在记账凭证审核过程中，如果发现差错，应查明原因，按照规定的办法及时处理和更正。只有经过审核无误的记账凭证，才能作为登记账簿的直接依据。如果在登记账簿之后，发现记账凭证错误，应该按规定的办法进行更正；如果在尚未入账前，发现记账凭证错误，应该重新进行填制。

（六）手续是否完备

记账凭证应根据审核无误的原始凭证登记，如果原始凭证手续不完备，应补办完整。

五、记账凭证与原始凭证的区别

（一）填制人员不同

原始凭证应由经办人员填制，而记账凭证一律由本单位会计人员填制。

（二）填制依据不同

原始凭证根据发生或完成的经济业务填制，而记账凭证则根据审核后的原始凭证填制。

（三）填制方式不同

原始凭证仅用以记录、证明经济业务已经发生或完成的证明，而记账凭证则依据会计科目对已经发生或完成的经济业务进行归类、整理编制。

（四）发挥作用不同

原始凭证是记账凭证的附件，是填制记账凭证的依据，而记账凭证是登记账簿的直接依据。

第四节　会计凭证的传递与保管

一、会计凭证的传递

（一）会计凭证的传递的概念

会计凭证的传递是指从会计凭证的取得或填制时起至归档保管过程中，在单位内部有关部门和人员之间的传送程序。

会计凭证的传递，应当满足内部控制制度的要求，使传递程序合理有效，同时尽量节约传递时间，减少传递的工作量。各单位应根据具体情况确定每一种会计凭证的传递程序和方法。

（二）会计凭证的传递包括的内容

会计凭证的传递具体包括传递程序和传递时间。各单位应根据经济业务特点、内部机构设置、人员分工和管理要求，具体规定各种凭证的传递程序；根据有关部门和经办人员办理业务的情况，确定凭证的传递时间。

二、会计凭证的保管

会计凭证的保管是指会计凭证记账后的整理、装订、归档和存查工作。对会计凭证的保管既要做到安全和完整无缺，又要便于凭证的事后翻阅和查找。其主要要求如下。

（1）会计凭证应定期装订成册，防止散失。会计部门在依据会计凭证记账以后，应定期（每天、每旬或每月）对各种会计凭证进行分类整理，将各种记账凭证按照编号顺序，连同所附的原始凭证一起加具封面和封底，装订成册，并在装订线上加贴封签，由装订人员在装订线封签处签名或盖章。

从外单位取得的原始凭证遗失时，应取得原签发单位盖有公章的证明，并注明原始凭证的号码、金额、内容等，由经办单位会计机构负责人（会计主管人员）和单位负责人批准后，才能代作原始凭证。

若确实无法取得证明的，如车票丢失，则应由当事人写明详细情况，由经办单位会计机构负责人（会计主管人员）和单位负责人批准后，代作原始凭证。

（2）会计凭证封面应注明单位名称、凭证种类、凭证张数、起止号数、年度、月份、会计主管人员和装订人员等有关事项，会计主管人员和保管人员应在封面上签章。

（3）会计凭证应加贴封条，防止抽换凭证。原始凭证不得外借；其他单位如有特殊原因确实需要使用时，本单位会计机构负责人（会计主管人员）批准后，才可复制。向外单位提供的原始凭证复制件，应在专设的登记簿上登记，并由提供人员和收取人员共同签名、盖章。

（4）原始凭证较多时，可单独装订，但应在凭证封面注明所属记账凭证的日期、编号和种类，同时在所属的记账凭证上应注明“附件另订”及原始凭证的名称和编号，以便查阅。

对各种重要的原始凭证，如押金收据、提货单等，以及各种需要随时查阅和退回的单据，应另编目录，单独保管，并在有关的记账凭证和原始凭证上分别注明日期和编号。

（5）每年装订成册的会计凭证，在年度终了时可暂由单位会计机构保管一年，期满后应当移交本单位档案机构统一保管；未设立档案机构的，应当在会计机构内部指定专人保管。出纳人员不得兼管会计档案。

（6）严格遵守会计凭证的保管期限要求，期满前不得任意销毁。

CHAPTER 7

第七章 会计的“记事本”——账簿

本章主要介绍会计账簿的相关内容，具体包括会计账簿的登记要求，总分类账与明细分类账平行登记的要点，日记账、总分类账及有关明细分类账的登记方法，对账与结账的方法，错账查找与更正的方法等，读者依旧可以轻松地学习本章。

第一节 会计账簿概述

一、会计账簿的概念与作用

（一）会计账簿的概念

会计账簿，简称“账簿”，是指由一定格式的账页组成的，以经过审核的会计凭证为依据，全面、系统、连续地记录各项经济业务的簿籍。对于账簿的概念，可以从两方面理解：一是从外表形式看，账簿是由具有一定格式的账页连接而成的簿籍；二是从记录的内容看，账簿是对各项经济业务进行分类和序时记录的簿籍。

（二）会计账簿的作用

设置和登记账簿，是编制财务报表的基础，是连接会计凭证和报表的中间环节。账簿的设置和登记在会计核算中具有重要作用。

（1）通过账簿的设置与登记，可以记载、储存会计信息。

（2）通过账簿的设置与登记，可以分类、汇总会计信息。

（3）通过账簿的设置与登记，可以检查和校正会计信息。

（4）通过账簿的设置与登记，可以编报和输出会计信息。

二、会计账簿的基本内容

在实际工作中，由于各种会计账簿所记录的经济业务不同，账簿的格式也是多种多样的，但各种账簿都应具备以下基本内容。

（一）封面

封面主要用来标明账簿的名称，如总分类账、各种明细分类账、库存现金日记账、银行存款日记账等。

（二）扉页

扉页主要用来列明会计账簿的使用信息及账户目录。扉页（见图 7-1-1）正面是账簿启用登记和经营人员一览表，反面是目录，即科目索引。

账簿启用登记和经营人员一览表

账簿名称：________ 单位名称：________

账簿编号：________ 账簿册数：________

账簿页数：________ 启用日期：________

会计主管：________ 记账人员：________

移交日期			移交人		接管日期			接管人		会计主管	
年	月	日	签名	签章	年	月	日	签名	签章	姓名	主管

图7-1-1　会计账簿的扉页

（三）账页

账页是账簿用来记录经济业务的主要载体，其格式因反映经济业务内容的不同而有所不同。其具体包括账户的名称、日期栏、凭证种类和编号栏、摘要栏、金额栏以及总页次和分户页次等基本内容。

三、会计账簿与账户的关系

账簿与账户的关系是形式和内容的关系。账簿是由若干账页组成的一个整体，账簿中的每一账页就是账户的具体存在形式和载体，没有账簿账户就无法存在；账簿序时、分类地记录经济业务，是在各个具体的账户中完成的。因此，账簿只是一个外在形式，账户才是它的实质内容。

四、会计账簿的种类

会计账簿的种类很多，大致可以从三个方面进行分类（见图 7-1-2）。

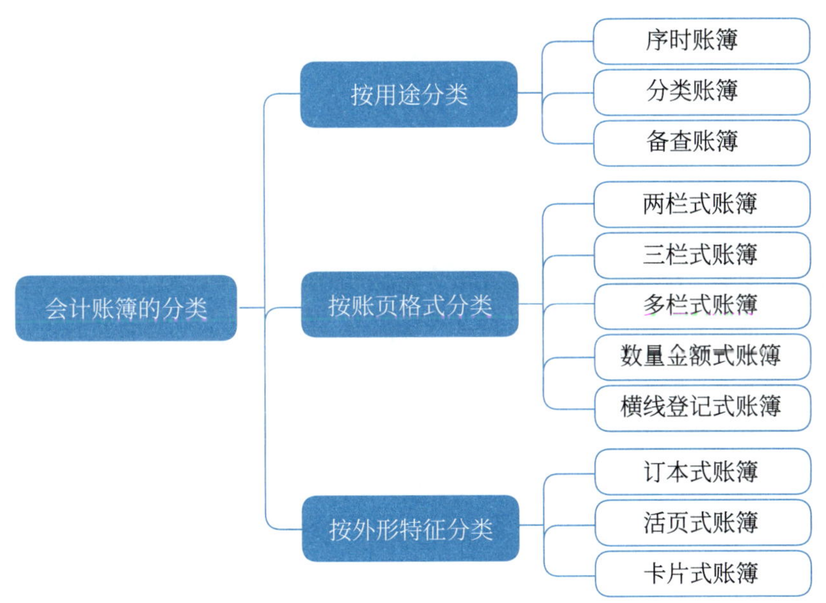

图7-1-2　会计账簿的分类

（一）按用途分类

会计账簿按用途不同，可分为序时账簿、分类账簿和备查账簿。

1. 序时账簿

序时账簿又称日记账，是按照经济业务发生时间的先后顺序逐日、逐笔登记的账簿。序时账簿按其记录的内容，可分为普通日记账和特种日记账。

（1）普通日记账。普通日记账是对全部经济业务按其发生时间的先后顺序逐日、逐笔登记的账簿。登记普通日记账只能由一个人负责，并且每笔会计记录都需要逐笔分别转记到分类账中，工作量很大。特别是随着企业规模的扩大，经济业务的增多及记账凭证的出现，普通日记账不便于登记分类账和登账工作量较大的缺陷逐渐显露。而且由于普通日记账不是分类记录经济业务，不便于日后的查阅，不利于对重要经济业务的严格管理。因此，目前已较少使用普通日记账。

（2）特种日记账。特种日记账是对某一特定种类的经济业务按其发生时间的先后顺序逐日、逐笔登记的账簿。我国的会计制度规定，那些发生频繁，要求严格管理和控制的业务，应设置特种日记账。

企业一般都必须设置库存现金和银行存款日记账，对库存现金和银行存款的收付及结存情况进行序时登记。当然，各单位还可以根据自身的业务特点和管理需要来确定是否需要设置其他特种日记账，如为登记采购业务而设置的采购日记账，为登记产品销售业务而设置的销售日记账等。

2. 分类账簿

分类账簿简称分类账，是按照会计要素的具体类别而设置的分类账户进行登记的账簿。账簿按其反映经济业务的详略程度，可分为总分类账簿和明细分类账簿两种。

（1）总分类账簿。总分类账簿亦称总账，是根据总分类账户开设的，用来分类登记全部经济业务，提供各种资产、负债、所有者权益以及费用、成本、收入、利润等总括资料的分类账簿。总分类账簿为编制财务报表提供直接数据资料。

（2）明细分类账簿。明细分类账簿亦称明细账，是根据明细分类账户开设的，用来提供明细的核算资料，是对总分类账记录内容的补充和具体化。

总账对所属的明细账起统驭作用，明细账对总账进行补充和说明。

3. 备查账簿

备查账簿又称辅助登记簿或补充登记簿，是指对某些在序时账簿和分类账簿中未能记载或记载不全的经济业务进行补充登记的账簿。它可以为某些经济业务的内容提供必要的参考资料。例如，反映企业租入固定资产情况的“租入固定资产登记簿”，反映为其他企业代管商品情况的“代管商品物资登记簿”等。

备查账簿只是对其他账簿记录的一种补充，与其他账簿之间不存在严密的依存和勾稽关系。

备查账簿根据企业的实际需要设置，没有固定的格式要求。

（二）按账页格式分类

会计账簿按账页格式的不同，可以分为两栏式账簿、三栏式账簿、多栏式账簿、数量金额式账簿和横线登记式账簿。

1. 两栏式账簿

两栏式账簿是指只有借方和贷方两个金额栏目的账簿。普通日记账和转账日记账一般采用两栏式账簿。

2. 三栏式账簿

三栏式账簿是指设有借方、贷方和余额三个金额栏目的账簿。各种日记账、总账以及资本、债权、债务明细账都可采用三栏式账簿（见图 7-1-3）。

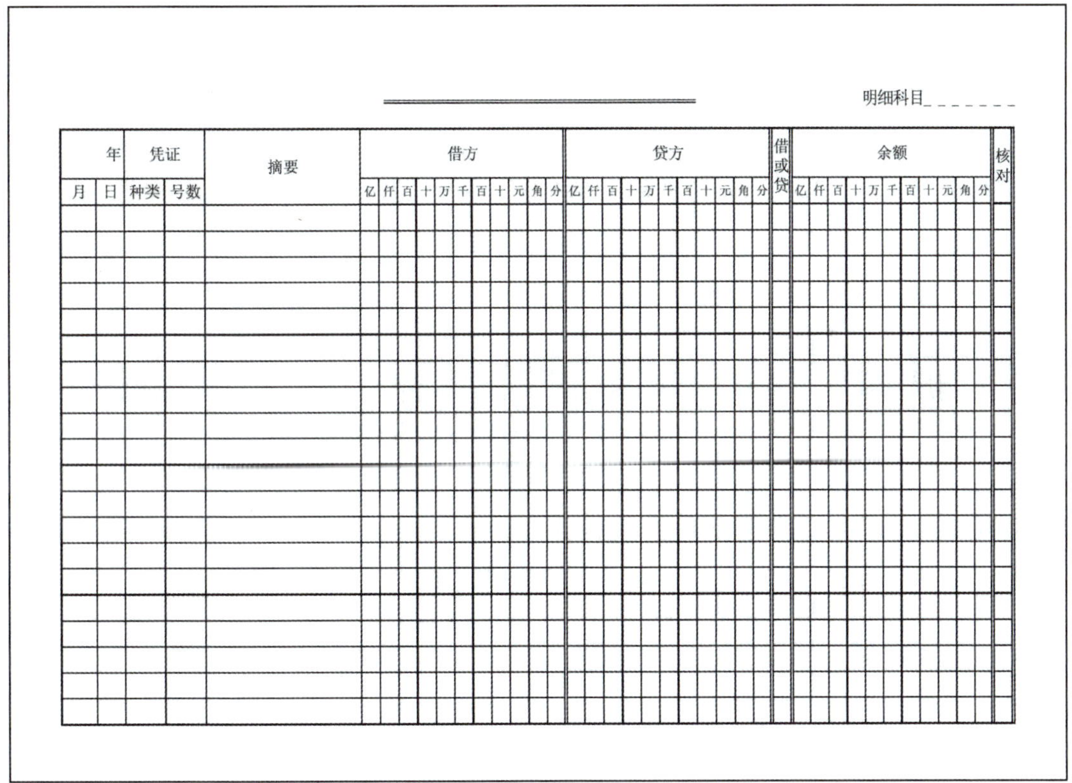

明细科目＿＿＿＿＿＿

年		凭证		摘要	借方											贷方											借或贷	余额											核对
月	日	种类	号数		亿	仟	百	十	万	千	百	十	元	角	分	亿	仟	百	十	万	千	百	十	元	角	分		亿	仟	百	十	万	千	百	十	元	角	分	

图7-1-3　三栏式账簿

三栏式账簿又分为设有对方科目和不设对方科目两种。区别在于在摘要栏之前是否有一栏“对方科目”。设有“对方科目”栏的，称为设对方科目的三栏式账簿；不设有“对方科目”栏的，称为不设对方科目的三栏式账簿，其格式与总账的格式基本相同。

3. 多栏式账簿

多栏式账簿是指在账簿的两个金额栏目（借方和贷方）按需要分设若干专栏的账簿。这种账簿可以按“借方”和“贷方”分别设专栏，也可以只设“借方”或“贷方”专栏，设多少栏则根据需要确定。收入、成本、费用明细账一般采用多栏式账簿。

4. 数量金额式账簿

数量金额式账簿（见图 7-1-4）是指在账簿的借方、贷方和余额三个栏目内，每个栏目再分设数量、单价和金额三小栏，借以反映财产物资的实物数量和价值量的账簿。原材料、库存商品等明细账一般都采用数量金额式账簿。

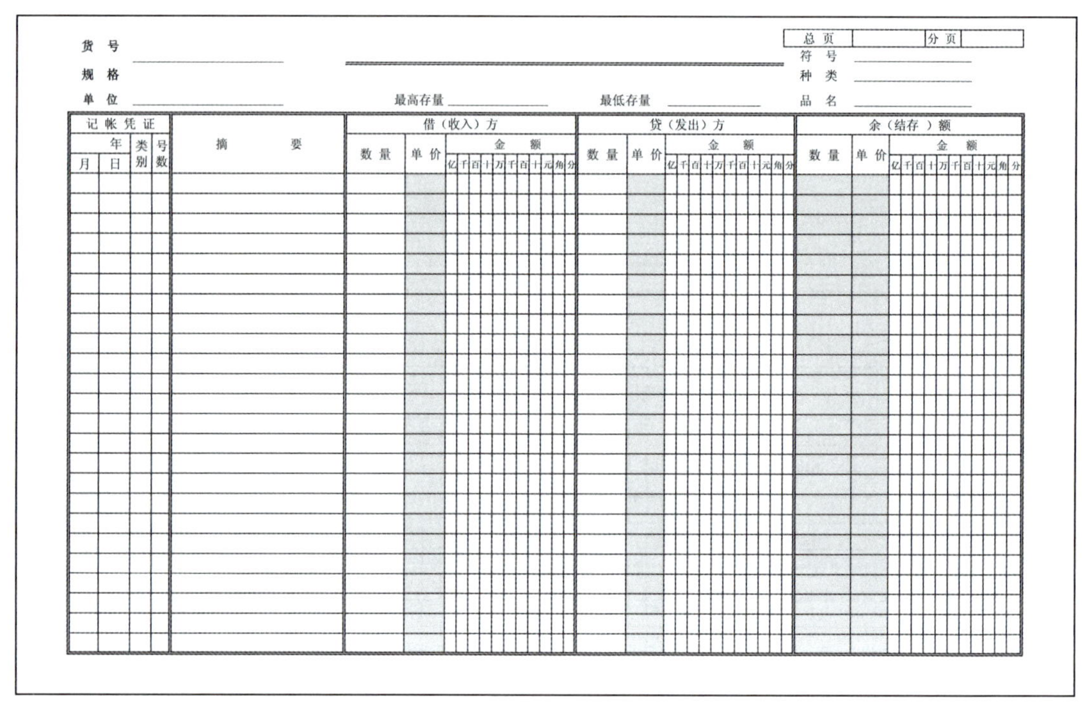

图7-1-4 数量金额式账簿

5. 横线登记式账簿

横线登记式账簿（见图 7-1-5）又称平行式账簿，是指将前后密切相关的经济业务登记在同一行上，以便检查每笔业务的发生和完成情况的账簿。材料采购、在途物资、应收票据和一次性备用金等明细账一般采用横线登记式账簿。

户名：......................

户名	借方				贷方				转销
	年	凭证号码	摘要		年	凭证号码	摘要		
	月 日			十万千百十元角分	月 日			十万千百十元角分	

图7-1-5 横线登记式账簿

（三）按外形特征分类

会计账簿按照外形特征，可分为订本式账簿、活页式账簿和卡片式账簿。

1. 订本式账簿

订本式账簿简称订本账，是指在启用前将编有顺序页码的一定数量的具有专门格式的账页装订在一起的账簿。这种账簿在每张账页上都印有按序编排的号码页次，这样可以防止账页散失或被抽换；但同一账簿在同一时间只能由一人登记，不便于记账人员分工，并且要为每一账户预留若干空白账页，若留页不够则会影响账户的连续记录，留页过多又会造成浪费。该账簿一般适用于重要的和具有统驭性的总分类账、库存现金日记账、银行存款日记账。

2. 活页式账簿

活页式账簿简称活页账，是指在启用前和使用过程中将一定数量的账页置于活页夹内，可根据记账内容的变化随时增加或减少部分账页的账簿。这种账簿记账时可根据实际需要，随时将空白账页装入账簿，或抽去不需要的账页，便于分工记账；但如果管理不善，可能会造成账页散失或故意抽换账页。该账簿一般适用于各类明细分类账。

3. 卡片式账簿

卡片式账簿简称卡片账，是将一定数量的卡片式账页存放于专设的卡片箱中或卡片串中，可以根据需要随时增添卡片式账页的账簿。根据核算和管理的需要，卡片的正反两面可设置必要的栏次，以反映各种指标。在我国，企业一般只对固定资产的核算采用卡片账形式，也有少数企业在材料核算时用材料卡片。

这种账簿的特点是可以跨年度长期使用而无须更换，但易散失。所以这种账卡在使用时要分类、编号、盖章，置于专门的卡片箱内，并由有关人员妥善保管，以便核查。

第二节　会计账簿的启用与登记要求

一、会计账簿的启用

会计账簿是很重要的经济档案，登记账簿要有专人负责，明确记账责任，以保证账簿资料的合法性和完整性。一般账簿都应每年更换一次，新的会计年度使用新的账簿。

新账簿启用时，应当在账簿封面上写明单位名称和账簿名称，并在账簿扉页上附启用表。启用订本式账簿应当从第一页到最后一页顺序编定页数，不得跳页、缺号。使用活页式账簿应当按账户顺序编号，并须定期装订成册，装订后再按实际使用的账页顺序编定页码，另加目录以便于记明每个账户的名称和页次。

二、会计账簿的登记要求

为了保证会计账簿记录的正确性，必须根据审核无误的会计凭证登记会计账簿，并符合有关法律、行政法规和国家统一的会计制度的规定。会计账簿的登记要求主要有以下几项。

（一）准确完整

登记会计账簿时，应当将会计凭证日期、编号、业务内容摘要、金额和其他有关资料逐项记入账内，做到数字准确、摘要清楚、登记及时、字迹工整。每一会计事项，一方面要记入有关的总账；另一方面要记入该总账所属的明细账。账簿记录中的日期，应该填写记账凭证上的日期；以原始凭证为依据登记日记账及明细账时，账簿记录中的日期应当按有关的原始凭证上的日期填写。

（二）注明记账符号

账簿登记完毕后，应在记账凭证上签名或盖章，并在记账凭证的“记账”栏内注明账簿页数或画对钩，表示记账完毕，避免重记、漏记。

（三）书写留空

账簿中书写的文字和数字上面要留有适当的空白，不要写满格，一般应占格距的1/2。这样，一旦发生登记错误，能比较容易地进行更正，同时也方便查账工作。

（四）正常记账使用蓝黑墨水

为了保持账簿记录的持久性，防止涂改，登记账簿必须使用蓝黑墨水或碳素墨水书写，不得使用圆珠笔或者铅笔书写。

（五）特殊记账使用红墨水

可以使用红色墨水记账的情况包括以下几种。

（1）按照红字冲账的记账凭证，冲销错误记录。

（2）在不设借贷等栏的多栏式账页中，登记减少数。

（3）在三栏式账户的余额栏前，如未印明余额方向的，在余额栏内登记负数余额。

（4）根据国家统一的会计制度的规定可以用红字登记的其他会计记录。

> 【敲黑板】由于会计记录中的红字表示负数，因而除上述四种情况外，不得用红色墨水登记账簿。

（六）顺序连续登记

记账时，必须按账户页次逐页逐行登记，不得隔页、跳行。如果发生隔页、跳行现象，应当在空页、空行处用红色墨水画对角线注销，或者注明“此页空白”“此行空白”字样，并由记账人员签名或者盖章（见图 7-2-1）。

第七章

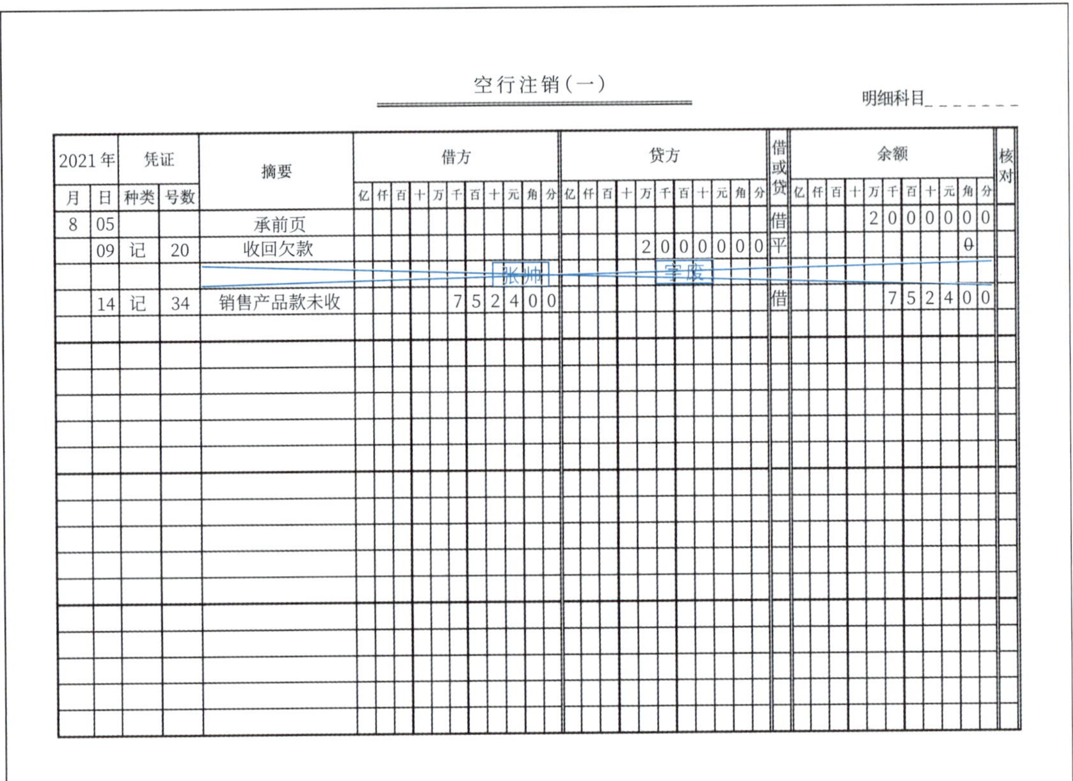

空行注销（一）

明细科目________

2021年 月	日	凭证 种类	号数	摘要	借方	贷方	借或贷	余额	核对
8	05			承前页			借	2000000	
	09	记	20	收回欠款		2000000	平	0	
				张帅		字废			
	14	记	34	销售产品款未收	752400		借	752400	

图7-2-1　顺序连续登记示意

（七）结出余额

凡需要结出余额的账户，结出余额后，应当在“借或贷”等栏内写明“借”或者“贷”等字样，以示余额的方向；对于没有余额的账户，应在“借或贷”栏内写“平”字，并在“余额”栏用“0”表示。库存现金日记账和银行存款日记账必须逐日结出余额。

（八）过次承前

每一账页登记完毕时，应当结出本页发生额合计及余额，在该账页最末一行“摘要”栏注明“转次页”或“过次页”，且将这一金额记入下一页第一行有关金额栏内，并在该行“摘要”栏内注明“承前页”，以保持账簿记录的连续性，便于对账和结账。

对需要结计本月发生额的账户，结计“过次页”的本页合计数应当为自本月初起至本页末止的发生额合计数。

（九）不得涂改、刮擦、挖补

如果发生账簿记录错误，不得刮擦、挖补或用褪色药水更改字迹，而应采用规定的方法更正。

第三节 会计账簿的格式与登记方法

一、日记账的格式和登记方法

日记账是按照经济业务发生或完成时间的先后顺序逐日逐笔进行登记的账簿。日记账的目的是使经济业务的时间顺序清晰地反映在账簿记录中。日记账按其所核算和监督经济业务的范围，可分为普通日记账和特种日记账。

（一）库存现金日记账的格式与登记方法

库存现金日记账是用来核算和监督库存现金日常收、付和结存情况的序时账簿，库存现金日记账必须采用订本式账簿，账页一般采用三栏式和多栏式两种。

1. 三栏式库存现金日记账

三栏式库存现金日记账是用来登记库存现金的增减变动及其结果的日记账。设有借方、贷方和余额三个金额栏，一般将其分别称为“收入”、“支出”和“结余”三个基本栏目。库存现金日记账是由出纳人员根据库存现金收款凭证、库存现金付款凭证以及银行存款的付款凭证，按照库存现金收、付款业务发生时间的先后顺序逐日逐笔登记。

2. 多栏式库存现金日记账

多栏式库存现金日记账是在三栏式库存现金日记账基础上发展起来的。这种日记账的借方（收入）和贷方（支出）金额栏都按对方科目设专栏，也就是按收入的来源和支出的用途设专栏。这种格式在月末结账时，可以结出各收入来源专栏和支出用途专栏的合计数，便于对现金收支的合理性、合法性进行审核分析，检查财务收支计划的执行情况，其全月发生额还可以作为登记总账的依据。

在实际工作中，设置多栏式库存现金日记账，一般常把收入业务和支出业务分设“库存现金收入日记账”和“库存现金支出日记账”两本账。

（二）银行存款日记账的格式和登记方法

银行存款日记账是用来核算和监督银行存款每日的收入、支出和结余情况的账簿。银行存款日记账应按照企业在银行开立的账户和币种分别设置，每个银行账户设置一本日记账。

1. 格式

银行存款日记账的格式与现金日记账相同，可以采用三栏式，也可以采用多栏式；但不管三栏式还是多栏式，都应在适当位置增加一栏“结算凭证”，以便记账时标明每笔业务的结算凭证及编号，便于与银行核对账目（见表 7-3-1）。

表7-3-1　银行存款日记账格式

年		凭证号	结算凭证	摘要	对方科目	收入	支出	结余
月	日							

为了保证现金日记账和银行存款日记账的安全与完整，无论采用三栏式还是多栏式现金日记账和银行存款日记账，都必须使用订本账。

2. 设置、登记方法

（1）银行存款日记账应按企业在银行开立的账户和币种分别设置，每个银行账户设置一本日记账。

（2）由出纳员根据与银行存款收付业务有关的记账凭证，按时间先后顺序逐日逐笔进行登记。

根据银行存款收款凭证和有关的库存现金付款凭证（如库存现金存入银行的业务）登记银行存款收入栏，根据银行存款付款凭证登记其支出栏，每日结出存款余额。

二、总分类账的格式与登记方法

（一）总分类账的格式

总分类账是指按照总分类账户分类登记以提供总括会计信息的账簿。应用总分类账，可以全面、系统、综合地反映企业所有的经济活动情况和财务收支情况。因此，每一个企业都必须设置总分类账。总分类账必须采用订本式账簿。总分类账簿最常用的格式为三栏式，设有“借方金额”、“贷方金额”和“余额”三个金额栏目。

（二）总分类账的登记方法

总分类账的登记方法因登记的依据不同而有所不同。经济业务少的小型单位的总分类账可以根据记账凭证逐笔登记，经济业务多的大中型单位的总分类账可以根据记账凭证汇总表（又称科目汇总表）或汇总记账凭证等定期登记。其格式如表 7-3-2 所示。

表7-3-2　总分类账格式

账户名称：

年		凭证号	摘要	借方金额	贷方金额	借或贷	余额
月	日						

三、明细分类账的格式和登记方法

明细分类账是根据有关明细分类账户设置并登记的账簿。它能提供交易或事项比较详细、具体的核算资料，以弥补总账所提供核算资料的不足。因此，各企业单位在设置总账的同时，还应设置必要的明细账。明细分类账一般采用活页式账簿、卡片式账簿。明细分类账一般根据记账凭证和相应的原始凭证来登记。

（一）明细分类账的格式

根据各种明细分类账所记录经济业务的特点，明细分类账的常用格式主要有以下四种。

1. 三栏式明细分类账

三栏式明细分类账是设有“借方”、“贷方”和“余额”三个栏目，用以分类核算各项经济业务，提供详细核算资料的账簿。其格式与三栏式总账格式相同，适用于只进行金额核算，不需要进行数量核算的资本、债权债务明细账，如应收账款、应付账款明细账。

2. 多栏式明细分类账

多栏式明细分类账是将属于同一个总账科目的各个明细科目合并在一张账页上进行登记，即在这种格式账页的借方或贷方金额栏内按照明细项目设若干专栏。这种格式适用于收入、成本、费用类账户的明细核算，如生产成本、管理费用、营业外收入、利润分配等。

3. 数量金额式明细分类账

数量金额式明细分类账适用于既要进行金额核算，又要进行数量核算的账户。如原材料、库存商品等存货账户，其借方（收入）、贷方（发出）和余额（结存）都分别设有数量、单价、金额三个专栏。数量金额式明细分类账提供了企业有关财产物资数量和金额收、发、存的详细资料，从而能加强财产物资的实物管理和使用监督，保证这些财产物资的安全与完整。

4. 横线登记式明细分类账

横线登记式明细分类账采用横线登记，即将每一相关的业务登记在一行，从而可依据每一行各个栏目的登记是否齐全来判断该项业务的进展情况。这种格式适用于登记材料采购、在途物资、应收票据和一次性备用金业务。

（二）明细分类账的登记方法

不同类型经济业务的明细分类账，可根据管理需要，依据记账凭证、原始凭证或汇总原始凭证逐日逐笔或定期汇总登记。固定资产、债权、债务等明细账应逐日逐笔登记；原材料、库存商品收发明细账以及收入、费用明细账可以逐笔登记，也可定期汇总登记。

明细分类账的登记通常有三种方法：根据原始凭证直接登记明细分类账，根据汇总原始凭证登记明细分类账，根据记账凭证登记明细分类账。

四、总分类账户和明细分类账户的平行登记

（一）总分类账户与明细分类账户的关系

总分类账户是所属明细分类账户的统驭账户，对所属明细分类账户起着控制作用；明细分类账户则是总分类账户的从属账户，对其所隶属的总分类账户起着辅助作用。

总分类账户及其所属明细分类账户的核算对象是相同的，它们所提供的核算资料互相补充，只有把二者结合起来，才能既总括又详细地反映同一核算内容。因此，总分类账户和明细分类账户必须平行登记。

（二）总分类账户与明细分类账户平行登记的要点

平行登记是指所发生的每项经济业务都要以会计凭证为依据，一方面记入有关总分类账户；另一方面记入所属明细分类账户的方法。总分类账户与明细分类账户平行登记的要点包括：方向相同、期间一致、金额相等。

1. 方向相同

将经济业务记入总分类账户和明细分类账户时，记账方向必须相同。即总分类账户记入借方，明细分类账户也记入借方；总分类账户记入贷方，明细分类账户也记入贷方。

2. 期间一致

对每项经济业务在记入总分类账户和明细分类账户过程中，可以有先有后，但必须在同一

会计期间全部登记入账。

3. 金额相等

对于发生的每一项经济业务，记入总分类账户的金额必须等于所属明细分类账户的金额之和。总账与其所属明细账之间在数量上存在如下关系：

总分类账户本期发生额＝所属明细分类账户本期发生额合计；

总分类账户期初余额＝所属明细分类账户期初余额合计；

总分类账户期末余额＝所属明细分类账户期末余额合计。

如果总分类账户与明细分类账户的记录不相一致，说明账户平行登记中出现错误，应查明原因，进行更正。

第四节　对账与结账

一、对账

（一）对账的概念

对账就是核对账目，是对账簿记录所进行的核对工作。对账工作一般在月末进行，即在记账之后结账之前进行。

（二）对账的内容

对账一般可以分为账证核对、账账核对和账实核对。

1. 账证核对

账簿是根据经过审核之后的会计凭证登记的，但实际工作中仍有可能发生账证不符的情况。记账后，应将账簿记录与会计凭证核对，核对账簿记录与原始凭证、记账凭证的时间、凭证字号、内容、金额等是否一致，记账方向是否相符，做到账证相符。

2. 账账核对

账账核对是指核对不同会计账簿之间的账簿记录是否相符。

（1）总分类账簿之间的核对。

全部账户本期借方发生额合计＝全部账户本期贷方发生额合计；

全部账户的借方期初余额合计＝全部账户的贷方期初余额合计；

全部账户的借方期末余额合计＝全部账户的贷方期末余额合计。

（2）总分类账簿与所属明细分类账簿核对。

总分类账各账户的期末余额应与其所属的各明细分类账的期末余额之和核对相符。

总分类账户的期初余额＝所属的明细分类账户的期初余额之和；

总分类账户的本期借方发生额＝所属的明细分类账户的本期借方发生额之和；

总分类账户的本期贷方发生额＝所属的明细分类账户的本期贷方发生额之和；

总分类账户的期末余额＝所属的明细分类账户的期末余额之和。

（3）总分类账簿与序时账簿核对。检查现金总账和银行存款总账的期末余额，与现金日记账和银行存款日记账的期末余额是否相符。

（4）明细分类账簿之间的核对。会计部门有关实物资产的明细账与财产物资保管部门或使用部门的明细账定期核对，以检查其余额是否相符。

3. 账实核对

账实核对是指各项财产物资、债权债务等账面余额与实有数额之间的核对。

（1）库存现金日记账账面余额与库存现金实际库存数逐日核对是否相符。

（2）银行存款日记账账面余额与银行对账单的余额定期核对是否相符。

（3）各项财产物资明细账账面余额与财产物资的实有数额定期核对是否相符。

（4）有关债权债务明细账账面余额与对方单位的账面记录核对是否相符等。

二、结账

（一）结账的概念

结账是一项将账簿记录定期结算清楚的账务工作。在一定时期结束时（如月末、季末、年末），为了编制财务报表，需要进行结账，具体包括月结、季结和年结。结账的内容通常包括两个方面：一是结清各种损益类账户，并据以计算确定本期利润；二是结出各资产、负债和所有者权益账户的本期发生额合计及期末余额。

（二）结账的程序

（1）结账前，将本期发生的经济业务全部登记入账，并保证其正确性。对于发现的错误，应采用适当的方法进行更正。

（2）在本期经济业务全面入账的基础上，根据权责发生制的要求，调整有关账项，合理确定应计入本期的收入和费用。

①应计收入和应计费用的调整。应计收入是指那些已在本期实现，因款项未收而未登记入账的收入。企业发生的应计收入，主要是本期已经发生符合收入确认标准，但尚未收到相应款

项的销售商品或提供劳务收入。对于这类调整事项，应确认为本期收入，借记“应收账款”等账户，贷记“主营业务收入”等账户；待以后收到款项时，借记“库存现金”“银行存款”等账户，贷记“应收账款”等账户。

应计费用是指已经发生但尚未支付的费用。企业发生的应计费用，如应付未付的借款利息等，由于本期已经受益，应当在本期确认为费用，借记“管理费用”“财务费用”等账户，贷记“应付利息”等账户；待以后支付款项时，借记“应付利息”等账户，贷记“银行存款”“库存现金”等账户。

②收入分摊和成本分摊的调整。收入分摊是指企业已经收取有关款项，但未完成或未全部完成销售商品或提供劳务，需在期末按本期已经完成的比例，分摊确认本期已实现收入的金额，并调整以前预收款项时形成的负债。如企业销售商品预收定金、提供劳务预收佣金。在收到预收款项时，应借记“银行存款”等账户，贷记“预收账款”等账户；在以后销售商品或提供劳务确认当期收入时，进行期末账项调整，借记“预收账款”等账户，贷记“主营业务收入”等账户。

成本分摊是指为了正确计算各个会计期间的盈亏，将已经发生且能使若干个会计期间受益的支出在其受益的会计期间进行合理分配。如企业已经支出，但应由本期和以后各期负担的预付款项，应借记“其他应付款”等账户，贷记“银行存款”等账户；在会计期末进行账项调整时，借记“管理费用”等账户，贷记“其他应付款”等账户。

(3) 将各损益类账户余额全部转入“本年利润”账户，结平所有损益类账户。

(4) 结出资产、负债和所有者权益账户的本期发生额和余额，并转入下期。

上述工作完成后，就可以根据总分类账和明细分类账的本期发生额和期末余额，分别进行试算平衡。

(三) 结账的方法

结账方法的要点有以下几个方面。

(1) 对不需按月结计本期发生额的账户，如各项应收、应付款明细账和各项财产物资明细账等，每次记账以后，都要随时结出余额，每月最后一笔余额是月末余额，即月末余额就是本月最后一笔经济业务记录的同一行内余额。月末结账时，只需要在最后一笔经济业务记录之下通栏画单红线，不需要再次结计余额。

(2) 库存现金、银行存款日记账和需要按月结计发生额的收入、费用等明细账，每月结账时，要在最后一笔经济业务记录下面通栏画单红线，结出本月发生额和余额，在摘要栏内注明“本月合计”字样，并在下面通栏画单红线。

（3）对于需要结计本年累计发生额的明细账户，每月结账时，应在“本月合计”行下结出自年初起至本月末止的累计发生额，登记在月份发生额下面，在摘要栏内注明“本年累计”字样，并在下面通栏画单红线。12 月末的“本年累计”就是全年累计发生额，在全年累计发生额下通栏画双红线。

（4）总账账户平时只需结出月末余额。年终结账时，为了总括地反映全年各项资金运动情况的全貌，核对账目，要将所有总账账户结出全年发生额和年末余额，在摘要栏内注明“本年合计”字样，并在合计数下通栏画双红线。

（5）年度终了结账时，有余额的账户，应将其余额结转下年，并在摘要栏注明“结转下年”字样；在下一会计年度新建有关账户的第一行余额栏内填写上年结转的余额，并在摘要栏注明“上年结转”字样，使年末有余额账户的余额如实地在账户中加以反映，以免混淆有余额的账户和无余额的账户。

第五节　错账查找与更正的方法

一、错账查找的方法

在记账过程中，可能发生各种各样的差错，产生错账，如重记、漏记、数字颠倒、数字错位、数字记错、科目记错、借贷方向记反等，为保证会计信息的准确性，应及时找出差错，并予以更正。

（一）全面检查

全面检查是对一定时期内的账目逐笔核对的方法。按照查找的顺序与记账程序的方向是否相同，又可分为顺查法和逆查法。

1. 顺查法

顺查法是指按照记账的顺序，从原始凭证到记账凭证，再到账簿顺次查找的方法。顺查法按照记账的先后顺序查找，有利于全面检查账簿记录的正确性，但查找的工作量大，适用于错账较多，难以确定查找方向与重点范围的情况。

2. 逆查法

逆查法是指与记账顺序相反，从错账的位置开始，逆向查找错误原因的方法。这种方法能减少查找的工作量，实际工作中使用较多。

（二）局部抽查

局部抽查是针对错误的数字抽查账目的方法。局部抽查包括差数法、尾数法、除 2 法、除 9 法等具体方法。

1. 差数法

差数法是指按照错账的差数查找错账的方法。在记账过程中可能只登记了会计分录的借方或贷方，漏记了另一方，从而形成试算平衡表中借方合计与贷方合计不等。如借方金额遗漏，会使该金额在贷方超出；贷方金额遗漏，会使该金额在借方超出。对于这样的差错，可由会计人员通过回忆和与相关金额的记账核对来查找。

2. 尾数法

尾数法是指对于发生的差错只查找末位数，以提高查错效率的方法。这种方法适合于借贷方金额其他位数都一致，而只有末位数出现差错的情况。例如，差 0.5 元，只需看一下尾数有“0.5”的金额，看是否已将其登记入账。

3. 除 2 法

除 2 法是指以差数除以 2 来查找错账的方法。当某个借方金额错记入贷方（或相反）时，出现错账的差数表现为错误的 2 倍，将此差数用 2 去除，得出的商即为反向的金额。例如，应记入库存现金日记账借方的 5 000 元而误记入贷方，则会使库存现金日记账上的期末余额比库存现金总分类账上的期末余额小 10 000 元，用 10 000 除以 2 的商 5 000 元即为借贷方向相反的金额。同理，如果借方总额大于贷方 800 元，即应查找有无 400 元的贷方金额误记入借方。

4. 除 9 法

除 9 法是指以差数除以 9 来查找错账的方法，适用于以下三种情况。

（1）将数字写小。例如，将 5 000 元写成 500 元，错误数字小于正确数字的 9 倍。查找的方法是：以差数除以 9 得出的商即为写错的数字，商乘以 10 即为正确的数字。上例差数 4 500（5 000 － 500）除以 9，商 500 即为错数，扩大 10 倍后即可得出正确的数字 5 000 元。

（2）将数字写大。例如，将 3 000 元写成 30 000 元，错误数字大于正确数字 9 倍。查找的方法是：以差数除以 9 得出的商为正确的数字，商乘以 10 后所得的积为错误数字。上例差数 27 000（30 000 － 3 000）除以 9 以后，所得的商 3 000 为正确数字，3 000 乘以 10（30 000）为错误数字。

（3）邻数颠倒。在记账时，有时容易将相邻的两位数或三位数的数字登记颠倒了，如将 75 记成 57，将 568 记成了 658，它们的差数分别是 18 和 90，都可以被 9 整除。这样知道错误的原因后，进一步判断错误在哪一笔业务上就可以了。

二、错账更正的方法

（一）画线更正法

在结账前若发现账簿记录有文字或数字错误，而记账凭证没有错误，可采用画线更正法。更正时，可在错误的文字或数字上画一条红线，在红线的上方填写正确的文字或数字，并由记账人员及会计机构负责人（会计主管人员）在更正处盖章，以明确责任。对于错误数字必须全部用红线注销，不能只画销整个数中的个别位数。对于文字错误，可只画去错误的部分。

（二）红字更正法

红字更正法是指用红字冲销原有错误的账户记录或凭证记录，以更正或调整账簿记录的一种方法。通常有如下两种情况：一是记账后发现记账凭证中的应借、应贷等会计科目有错误所引起的记账错误；二是记账后发现记账凭证和账簿记录中应借、应贷等会计科目无误，只是所记金额大于应记金额所引起的记账错误。

1. 记账凭证中会计科目发生错误

例如，科目名称写错或借贷方向写错。更正时，应先用红字填写一张与错误的记账凭证内容相同的红字记账凭证，然后据此用红字记入账内，并在摘要栏注明“冲销 × 月 × 日 × 号凭证错账”以示注销。同时，用蓝字再编写一张正确的记账凭证，据此用蓝字记入账内，并在摘要栏注明“订正 × 月 × 日 × 号凭证账”。

2. 科目无误，金额多记

记账凭证中的会计科目正确无误，只是错记的金额多于正确的金额，即发生数额多记了。

更正时，按多记金额用红字编制一张与原记账凭证应借、应贷科目完全相同的记账凭证，然后据此用红字记入账内，在摘要栏注明“冲销 × 月 × 日 × 号凭证多记金额”。

（三）补充登记法

记账后发现记账凭证和账簿记录中应借、应贷会计科目无误，只是所记金额小于应记金额时，采用补充登记法。进行更正时，将少记金额用蓝字编制一张与原记账凭证应借、应贷科目完全相同的记账凭证，然后用蓝字记入账内，并在摘要栏注明：“补记 × 月 × 日 × 号凭证少记金额”。

【敲黑板】
（1）错账更正的三种方法中，红字更正法和补充登记法都是用来更正因记账凭证错误而产生的记账错误，如果非因记账凭证的差错而产生的记账错误，只能用画线更正法更正。
（2）以上三种方法是针对当年内发现的填写记账凭证或者登记账簿错误而采用的更正方法，如果发现以前年度记账凭证中有错误（指会计科目和金额）并导致账簿登记出现差错，应当用蓝字或黑字填制一张更正的记账凭证。因错误的账簿记录已经在以前会计年度进行结账或决算，不可能将已经决算的数字进行红字冲销，只能用蓝字或黑字凭证对除文字外的一切错误进行更正，并在更正凭证上特别注明“更正 ×× 年度错账”的字样。

第六节 会计账簿的更换和保管

一、会计账簿的更换

企业应在每一会计年度结束、新的会计年度开始时，按会计制度规定更换账簿、建立新账，以保持会计账簿资料的连续性。表 7-6-1 所示为会计账簿更换的种类和适用范围。

表7-6-1 会计账簿更换的种类和适用范围

种类	适用范围
每年更换一次	总账 日记账 多数明细账
跨年度使用，不必每年更换	变动较小的明细账 备查账簿可以连续使用

二、会计账簿的保管

年度终了，各种账户在结转下年、建立新账后，一般应将旧账集中统一管理。会计账簿暂由本单位财务会计部门保管一年，期满后，由本单位财务会计部门编造清册移交本单位的档案部门保管。

各种账簿应当按年度分类归档，编造目录，妥善保管。既要保证在需要时能迅速查阅，又要保证各种账簿的安全和完整。保管期满后，还要按照规定的审批程序经批准后才能销毁。

CHAPTER 8

第八章 会计工作的“流水线”——账务处理程序

第八章

本章将为读者分别介绍记账凭证账务处理程序、汇总记账凭证账务处理程序和科目汇总表账务处理程序。通过本章的学习，读者将会掌握各种账务处理程序的特点和适用范围，以及各种账务处理程序的具体处理方法。

第一节 账务处理程序概述

一、账务处理程序的概念与意义

（一）账务处理程序的概念

账务处理程序，又称会计核算组织程序或会计核算形式，是指会计凭证、会计账簿、财务报表相结合的方式，包括账簿组织和记账程序。账簿组织是指会计凭证和会计账簿的种类、格式，会计凭证与账簿之间的联系方法；记账程序是指由填制、审核原始凭证到填制、审核记账凭证，登记日记账、明细分类账和总分类账，编制财务报表的工作程序和方法等。

（二）账务处理程序的意义

账务处理程序是企业会计制度设计的一项重要内容。科学、合理地选择账务处理程序的意义主要有以下几点。

（1）有利于规范会计工作，保证会计信息加工过程的严密性，提高会计信息质量。

（2）有利于保证会计记录的完整性和正确性，增强会计信息的可靠性。

（3）有利于减少不必要的会计核算环节，提高会计工作效率，保证会计信息的及时性。

二、账务处理程序的种类

账务处理程序有多种类型，并可根据情况进行适当调整。目前我国常用的主要账务处理程序有以下几种。

（1）记账凭证账务处理程序。

（2）汇总记账凭证账务处理程序。

（3）科目汇总表账务处理程序。

最基本的账务处理程序是记账凭证账务处理程序，它是其他账务处理程序的基础。它们之间有许多共同点，但也存在着差异，主要区别在于登记总账的依据和方法不同。

第二节 记账凭证账务处理程序

一、记账凭证账务处理程序的概念及一般步骤

（一）记账凭证账务处理程序的概念

记账凭证账务处理程序是指对发生的经济业务，先根据原始凭证或汇总原始凭证填制记账凭证，再直接根据记账凭证登记总分类账的一种账务处理程序。

（二）记账凭证账务处理程序的一般步骤

记账凭证账务处理程序的一般步骤如图 8-2-1。

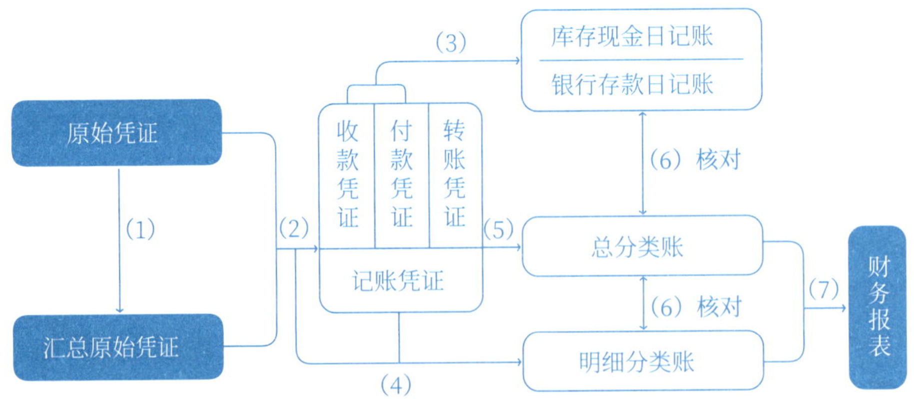

图8-2-1 记账凭证账务处理程序的一般步骤

（1）根据原始凭证编制汇总原始凭证。

（2）根据原始凭证或汇总原始凭证，编制收款凭证、付款凭证和转账凭证，也可以编制通用的记账凭证。

（3）根据收款凭证和付款凭证，逐笔登记库存现金日记账和银行存款日记账。

（4）根据原始凭证、汇总原始凭证和记账凭证，登记各种明细分类账。

（5）根据记账凭证逐笔登记总分类账。

（6）期末，按照对账的要求将库存现金日记账、银行存款日记账的余额，以及各种明细分类账余额合计数，分别与总分类账中有关科目的余额核对相符。

（7）期末，根据核对无误的总分类账和明细分类账的记录，编制会计报表。

二、记账凭证账务处理程序的评价

（一）特点

记账凭证账务处理程序的特点是直接根据各种记账凭证逐笔登记总分类账。

（二）优缺点

记账凭证账务处理程序简单明了，易于理解；总分类账可以较详细地记录和反映经济业务的发生情况。其缺点是登记总分类账的工作量较大。

（三）适用范围

记账凭证账务处理程序适用于规模较小、经济业务量较少的单位。

第三节　汇总记账凭证账务处理程序

一、汇总记账凭证账务处理程序的概念及一般步骤

（一）汇总记账凭证账务处理程序的概念

汇总记账凭证账务处理程序是指先根据原始凭证或汇总原始凭证填制记账凭证，定期根据记账凭证分类编制汇总收款凭证、汇总付款凭证和汇总转账凭证，再根据汇总记账凭证登记总分类账的一种账务处理程序。

采用汇总记账凭证账务处理程序时，其账簿设置、各种账簿的格式以及记账凭证的格式与记账凭证账务处理程序基本相同，只需另外增设汇总记账凭证。

（二）汇总记账凭证账务处理程序的一般步骤（见图 8-3-1）

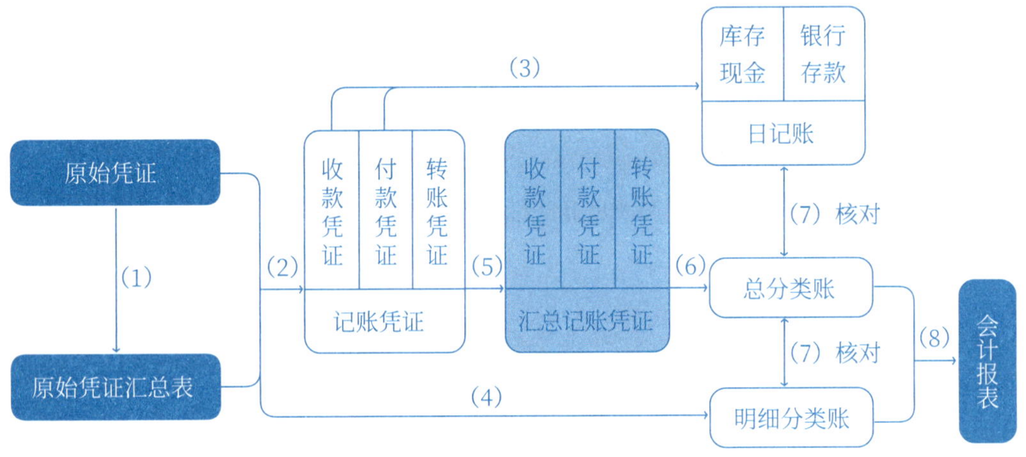

图8-3-1　汇总记账凭证账务处理程序的一般步骤

汇总记账凭证账务处理程序相对于记账凭证账务处理程序只在第（5）步和第（6）步有所不同，其他步骤内容相同。

（5）根据一定时期内的全部记账凭证，汇总编制汇总收款凭证、汇总付款凭证和汇总转账凭证。

（6）根据定期编制的汇总收款凭证、汇总付款凭证和汇总转账凭证，登记总分类账。

二、汇总记账凭证的编制方法

汇总记账凭证是指对一段时期内同类记账凭证进行定期汇总而编制的记账凭证。汇总记账凭证可以分为汇总收款凭证、汇总付款凭证和汇总转账凭证，三种凭证有不同的编制方法。

（一）汇总收款凭证及其编制方法

汇总收款凭证根据“库存现金”和“银行存款”账户的借方进行编制，定期将这一期间内的全部库存现金收款凭证、银行存款收款凭证，分别按各账户对应的贷方科目加以归类、汇总。

【例题】甲公司 202× 年 5 月发生如下收款业务。

（1）202× 年 5 月 3 日，收到投资者的投资 100 000 元，存入银行。

（2）202× 年 5 月 13 日，收到客户偿还的货款 200 000 元，存入银行。

（3）202× 年 5 月 23 日，收到保险公司赔付的款项 300 000 元，存入银行。

3 笔业务的会计分录如下：

（1）借：银行存款　　　　100 000
　　　　贷：实收资本　　　　100 000

（2）借：银行存款　　　　200 000
　　　　贷：应收账款　　　　200 000

（3）借：银行存款　　　　300 000
　　　　贷：其他应收款　　　　300 000

3 笔分录可汇总为：

借：银行存款　　　　600 000
　　贷：实收资本　　　　100 000
　　　　应收账款　　　　200 000
　　　　其他应收款　　　　300 000

银行存款汇总收款凭证如图 8-3-2 所示。

收 款 凭 证

借方科目：银行存款　　　　202×年5月　　　　汇收字第2号

贷方科目	金额			合计	总账账页
	1—10 日	11—20 日	21—30 日		
实收资本	100 000			100 000	
应收账款		200 000		200 000	
其他应收款			300 000	300 000	

附件 3 张

图8-3-2　银行存款汇总收款凭证

月终时，总分类账根据各汇总收款凭证的合计数进行登记，分别记入“库存现金”“银行存款”总分类账户的借方，并将汇总收款凭证上各账户贷方的合计数分别记入有关总分类账户的贷方。

（二）汇总付款凭证及其编制方法

汇总付款凭证根据“库存现金”和“银行存款”账户的贷方进行编制，定期将这一期间内的全部库存现金付款凭证、银行存款付款凭证，分别按各账户对应的借方科目加以归类、汇总编制。

月终时，总分类账根据各汇总付款凭证的合计数进行登记，分别记入“库存现金”“银行存款”总分类账户的贷方，并将汇总付款凭证上各账户借方的合计数分别记入有关总分类账户的借方。

（三）汇总转账凭证及其编制方法

汇总转账凭证通常根据所设置账户的贷方进行编制，定期将这一期间内的全部转账凭证，按各账户对应的借方科目加以归类、汇总编制。

月终时，总分类账根据各汇总转账凭证的合计数进行登记，分别记入对应账户的总分类账户的贷方，并将汇总转账凭证上各账户借方的合计数分别记入有关总分类账户的借方。

【例题】甲公司 202× 年 6 月发出原材料分录如下：

（1）202× 年 6 月 15 日。

借：生产成本　　　　10 000

　　贷：原材料　　　　　10 000

（2）202× 年 6 月 16 日。

借：管理费用　　　　20 000

　　贷：原材料　　　　　20 000

（3）202× 年 6 月 22 日。

借：管理费用　　　　30 000

　　贷：原材料　　　　　30 000

（4）202× 年 6 月 29 日。

借：生产成本　　　　40 000

　　贷：原材料　　　　　40 000

4 笔分录可汇总为：

借：生产成本　　　　50 000

　　管理费用　　　　50 000

　　贷：原材料　　　　100 000

原材料汇总转账凭证如图 8-3-3 所示。

转账凭证

贷方科目：原材料　　202×年6月　　汇转字第5号

借方科目	金额			合计	总账账页
	1—10日	11—20日	21—30日		
生产成本		10 000	40 000	50 000	
管理费用		20 000	30 000	50 000	

附件2张

图8-3-3　原材料汇总转账凭证

值得注意的是，在编制的过程中贷方账户必须唯一，借方账户可一个或多个，即转账凭证必须一借一贷或多借一贷。如果在一个月内某一贷方账户的转账凭证不多，可不编制汇总转账凭证，直接根据单个的转账凭证登记总分类账。

三、汇总记账凭证账务处理程序的评价

（一）特点

汇总记账凭证账务处理程序的特点是根据记账凭证定期编制汇总记账凭证，然后根据汇总记账凭证登记总分类账。

（二）优缺点

1. 优点

（1）记账凭证通过汇总记账凭证汇总后于月末时一次登记总分类账，减少了登记总分类账的工作量。

（2）汇总记账凭证是根据一定时期内全部记账凭证，按照科目对应关系进行归类、汇总编制的，可以清晰地反映科目之间的对应关系。

（3）便于查对和分析账目。

2. 缺点

当转账凭证较多时，编制汇总转账凭证的工作量较大，并且按每一贷方账户编制汇总转账凭证，不利于会计核算的日常分工。

（三）适用范围

汇总记账凭证账务处理程序适用于经营规模大、经济业务较多的单位。

第四节　科目汇总表账务处理程序

一、科目汇总表账务处理程序的概念及一般步骤

（一）科目汇总表账务处理程序的概念

科目汇总表账务处理程序又称为记账凭证汇总表账务处理程序，是指根据记账凭证定期编制科目汇总表，再根据科目汇总表登记总分类账的一种账务处理程序。

采用科目汇总表账务处理程序时，其账簿设置、各种账簿的格式以及记账凭证的格式与记账凭证账务处理程序基本相同，只需另外增设科目汇总表。

（二）科目汇总表账务处理程序的一般步骤（见图 8-4-1）

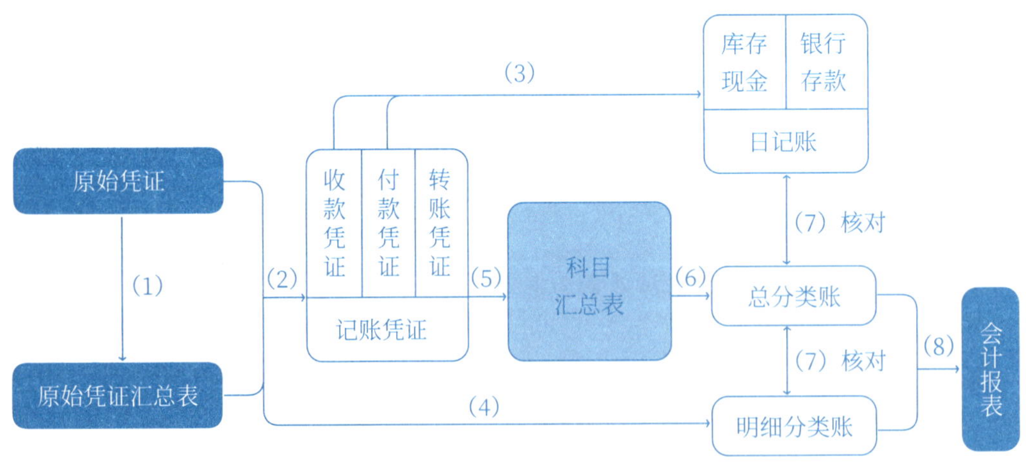

图8-4-1　科目汇总表账务处理程序的一般步骤

科目汇总表账务处理程序相对于记账凭证账务处理程序只在第（5）和第（6）步有所不同，其他步骤内容相同。

（5）根据记账凭证，定期编制科目汇总表。

（6）根据定期编制的科目汇总表，登记总分类账。

二、科目汇总表的编制方法

【例题】甲公司 202× 年 3 月发生如下经济业务：

（1）企业收到投资人 30 000 元投资，存入银行；

（2）企业向银行借款 60 000 元，偿还期限为 3 年的借款，款项已存入企业银行存款账户；

（3）企业用银行存款 8 000 元偿还长期借款；

（4）企业以银行存款 5 000 元购买材料（假设不考虑增值税）；

（5）企业将已到期但无力支付的应付票据 3 000 元转入应付账款；

（6）经企业股东大会研究决定向投资者分配利润 4 000 元。

根据经济业务编制 T 型账，如图 8-4-2 所示。

银行存款	
30 000	8 000
60 000	5 000
90 000	13 000

实收资本	
	30 000
	30 000

长期借款	
8 000	60 000
8 000	60 000

原材料	
5 000	
5 000	

应付票据	
3 000	
3 000	

应付账款	
	3 000
	3 000

应付股利	
	4 000
	4 000

利润分配	
4 000	
4 000	

图8-4-2 根据经济业务编制T型账

登记科目汇总表，如表 8-4-1 所示。

表8-4-1 科目汇总表 单位：元

会计科目	本期发生额	
	借方金额	贷方金额
银行存款	90 000	13 000
原材料	5 000	
应付票据	3 000	
应付账款		3 000
应付股利		4 000
长期借款	8 000	60 000
实收资本		30 000
利润分配	4 000	
合计	110 000	110 000

科目汇总表只反映各个会计科目的借方本期发生额和贷方本期发生额，不反映各个会计科目的对应关系。

三、科目汇总表账务处理程序的评价

（一）特点

科目汇总表账务处理程序的特点是根据记账凭证定期编制科目汇总表，然后根据科目汇总表登记总分类账。

（二）优缺点

科目汇总表账务处理程序的优点是减轻了登记总分类账的工作量，易于理解，方便学习，并可做到试算平衡；缺点是科目汇总表不能反映各个账户之间的对应关系，不利于对账目进行检查。

（三）适用范围

科目汇总表账务处理程序适用于经济业务较多的单位。

CHAPTER 9

第九章
会计工作的“体检”——财产清查

本章主要介绍财产清查的概念、意义、种类、一般程序、方法及清查结果的处理。会计人员要做好每项财产的“体检”，写好详细、准确的“体检报告”。

第一节　财产清查概述

一、财产清查的概念和意义

（一）财产清查的概念

财产清查是指通过对货币资金、实物资产和往来款项等财产物资进行盘点或核对，确定其实存数，查明账存数与实存数是否相符的一种专门方法。

（二）进行财产清查的原因

在会计日常工作中，可能会出于以下原因造成账实不符。

(1) 实物资产会发生自然损溢。

(2) 物资在收发过程中，由于计量、计算问题造成在数量或质量上的差错。

(3) 因管理不善，或者贪污盗窃、营私舞弊造成的财产损失。

(4) 记账过程中出现的错记、漏记或重记。

(5) 自然灾害造成的非常损失。

(6) 未达账项引起的账账、账实不符等。

基于以上原因，企业应建立健全财产物资清查制度，加强管理，以保证财产物资核算的真实性和完整性。

（三）财产清查的意义

（1）通过财产清查，可以查明各项财产物资的实有数量，确定实有数量与账面数量之间的差异，查明原因和责任，以便采取有效措施，消除差异，改进工作，从而保证账实相符，提高会计资料的准确性。

（2）通过财产清查，可以查明各项财产物资的保管情况是否良好，有无因管理不善造成霉烂、变质，或者被非法挪用、贪污侵占的情况，以便采取有效措施，改善管理，切实保障各项财产物资的安全和完整。

（3）通过财产清查，可以查明各项财产物资的库存和使用情况，合理安排生产经营活动，充分利用各项财产物资，加速资金周转，提高资金使用效益。

二、财产清查的种类

财产清查的种类如表 9-1-1 所示。

表9-1-1　财产清查的种类

按清查范围分类	按清查时间分类	按执行系统分类
全面清查	定期清查	内部清查
局部清查	不定期清查	外部清查

（一）按清查范围分类

按财产清查的范围不同，财产清查可分为全面清查和局部清查。

1. 全面清查

全面清查是指对所有的财产进行全面的盘点和核对。全面清查的对象具体包括以下几类。

（1）固定资产、材料、在产品、半成品、产成品、库存商品、在建工程和其他物资。（实物资产）

（2）现金、银行存款及各种有价证券。（货币资金）

（3）在途货币资金、在途材料、在途商品、委托加工物资。（在途货币资金、在途实物资产）

（4）各项往来款项、银行借款、缴拨款项和其他结算账项。（往来款项）

需要进行全面清查的主要有以下几种情况。

（1）年终决算之前，为确保年终决算会计信息的真实和准确。

（2）单位合并、撤销、改变原来隶属关系或中外合资、国内联营以及股份制改制时。

（3）开展资产评估、清产核资等活动时。

（4）单位主要负责人调离工作前。

2. 局部清查

局部清查是指根据需要只对部分财产进行盘点和核对。具体情况如下。

（1）库存现金，每日终了，应由出纳人员自行盘点。

（2）银行存款，每月至少要同银行核对一次。

（3）存货年内轮流盘点或重点抽查，各种贵重物资、每月都应清查盘点一次。

（4）债权债务，每年至少要核对一次至两次。

（二）按清查时间分类

按财产清查的时间不同，财产清查可分为定期清查和不定期清查。

1. 定期清查

定期清查是指按照预先计划安排的时间对财产进行的盘点和核对。定期清查一般在年末、季末、月末进行。定期清查，可以是全面清查，也可以是局部清查。在实际工作中，一般在年终决算前进行全面清查，在季末和月末进行局部清查。

2. 不定期清查

不定期清查是指事前不规定清查日期，而是根据特殊需要临时进行的盘点和核对。不定期清查可以是全面清查，也可以是局部清查，应根据实际需要来确定清查的对象和范围。需要进行不定期清查的主要有以下几种情况。

（1）更换财产物资保管人员和现金出纳人员时。

（2）发生自然灾害和意外损失时。

（3）进行临时性的清产核资时。

（4）财政、税务、银行以及审计等部门，对本单位进行临时检查时。

（三）按执行系统分类

1. 内部清查

内部清查是指由本单位内部自行组织清查工作小组所进行的财产清查工作。大多数财产清查都是内部清查。

2. 外部清查

外部清查是指由上级主管部门、审计机关、司法部门、注册会计师根据国家有关规定或情况需要对本单位所进行的财产清查。一般来讲，外部清查是不定期清查，并且在进行外部清查时，应有本单位相关人员参加。

三、财产清查的一般程序

作为会计工作的“体检”，企业必须有计划、有组织地进行财产清查，企业的财产清查工作应严格按以下程序进行。

（1）建立财产清查组织。

（2）组织清查人员学习有关政策规定，掌握有关法律、法规和相关业务知识，以提高财产清查工作的质量。

（3）确定清查对象、范围，明确清查任务。

（4）制订清查方案，具体安排清查内容、时间、步骤、方法，以及必要的清查前准备。

（5）清查时本着先清查数量、核对有关账簿记录等，后认定质量的原则进行。

（6）填制盘存清单。

（7）根据盘存清单，填制实物、往来账项清查结果报告表。

四、财产清查盘存制度

财产清查的主要目的是确定财产物资账存数和实存数是否相等，而实存数的确定主要采用实地盘存制和永续盘存制两种不同的方法。

（一）实地盘存制

实地盘存制即定期盘存制，是指企业对各项财产物资只在账簿中登记其收入数，不登记其发出数，期末通过实地盘点来确定财产物资的结余数，然后倒挤出本期发出数的一种盘存制度。其计算公式为：

账面期初余额＋本期收入数－期末实际结存数＝本期发出数

实地盘存制的优点是操作简单、工作量较少；缺点是财产物资的减少数没有严密的手续，不能随时反映和监督各项财产物资的收、发、结存情况，同时毁损、盗窃和丢失的情况也不能反映。该方法比较适合一些价值较低、品种复杂、交易频繁的财产物资和一些损耗大、数量不稳定的鲜活物资。

（二）永续盘存制

永续盘存制即账面盘存制，是指企业对各项财产物资收入和发出的数量及金额，都必须根据原始凭证和记账凭证在有关账簿中进行连续登记，并随时结出账面余额的一种盘存制度。其计算公式为：

账面期初余额＋本期收入数－本期发出数＝账面期末余额

永续盘存制的优点是通过实时的明细记录，有利于加强存货的管理与控制；缺点是它属于完整连续的存货明细账记录、核算，工作量较大。该方法在实际工作中常用，除特殊情况采用实地盘存制外，企业应尽量采用永续盘存制。

第二节　财产清查的方法

由于货币资金、实物资产、往来款项的特点是不一样的，在进行财产清查时也不可能采用同一种方法，企业应采用与其特点和管理要求相适应的方法。

一、货币资金的清查方法

（一）库存现金的清查

库存现金的清查主要采用实地盘点的方法来确定库存现金的实存数，然后再与库存现金日记账的账面余额核对，以查明账实是否相符及盘盈盘亏情况。

在企业日常业务活动中，现金收支频繁，容易出现差错，因此出纳人员应当每天进行现金盘点，并与库存现金日记账的账面余额核对，做到日清月结，账实相符。除此之外，单位还应当组织清查人员对现金进行定期或不定期的检查。

1. 库存现金清查的步骤

（1）盘点库存现金的实有数额。

（2）与库存现金日记账的余额进行核对。

（3）核查账实是否一致，以及盈亏情况。

（4）盘点结束后，将现金盘点结果填列到“库存现金盘点报告表”，由监盘人员、出纳人员及其相关负责人签名盖章，并据以调整库存现金日记账的账面记录。“库存现金盘点报告表”的一般格式如表 9-2-1 所示。

表9-2-1 库存现金盘点报告表

<table>
<tr><td colspan="3">单位名称：</td><td colspan="2">年 月 日</td><td colspan="2">单位：元</td></tr>
<tr><td colspan="3">库存现金盘点</td><td colspan="2">核对账面余额</td><td colspan="2">盘点结果</td></tr>
<tr><td>面值</td><td>数量</td><td>金额</td><td>项目</td><td>金额</td><td>溢余</td><td>短缺</td></tr>
<tr><td>100 元</td><td></td><td></td><td>账面金额</td><td></td><td></td><td></td></tr>
<tr><td>50 元</td><td></td><td></td><td>加：收入未记账</td><td></td><td></td><td></td></tr>
<tr><td>20 元</td><td></td><td></td><td>减：支出未记账</td><td></td><td colspan="2">盘点结果说明</td></tr>
<tr><td>10 元</td><td></td><td></td><td>调整后现金余额</td><td></td><td colspan="2" rowspan="14"></td></tr>
<tr><td>5 元</td><td></td><td></td><td colspan="2">处理意见</td></tr>
<tr><td>1 元</td><td></td><td></td><td colspan="2" rowspan="12"></td></tr>
<tr><td>5 角</td><td></td><td></td></tr>
<tr><td>2 角</td><td></td><td></td></tr>
<tr><td>1 角</td><td></td><td></td></tr>
<tr><td>5 分</td><td></td><td></td></tr>
<tr><td>2 分</td><td></td><td></td></tr>
<tr><td>1 分</td><td></td><td></td></tr>
<tr><td>合计</td><td></td><td></td></tr>
</table>

会计主管： 监盘人： 出纳：

2. 盘点时应注意以下情况

（1）库存现金盘点时，要求出纳员必须在场。

（2）盘点时，需要注意有无违反库存现金管理规定，例如，以白条抵库、库存现金超过规定限额现象等，账务处理和账簿记录有无错误等。

（3）“库存现金盘点报告表”是反映现金实存数的原始凭证，也是查明账实发生差异原因和调整账簿记录的依据。

（二）银行存款的清查

1. 银行存款的清查方法

银行存款的清查是采用与开户银行核对账目的方法进行的，即将本单位银行存款日记账的账簿记录与开户银行转来的对账单逐笔进行核对，来查明银行存款的实有数额。银行存款的清查一般在月末进行。

2. 银行存款清查账实不符的原因

将本单位银行存款日记账的账簿记录与开户银行转来的对账单逐笔进行核对，如果二者余额相符，通常说明没有错误。如果二者余额不相符，一般由以下原因造成。

（1）双方或一方记账出现了差错，属于企业方面的记账差错，经确定后企业应立即更正；属于银行方面的记账差错，应通知银行更正。

（2）在银行与企业双方的记账均无差错的情况下，未达账项的存在造成双方银行存款余额不一致。

3. 未达账项

（1）未达账项的概念。未达账项是指企业和银行之间，由于凭证的传递时间不同，而导致了双方记账时间不一致，即一方已接到有关结算凭证并已经登记入账，而另一方由于尚未接到有关结算凭证尚未入账。

（2）未达账项产生的原因。未达账项总的来说有两大类型四种情况。

一是企业已经入账而银行尚未入账的款项。

①企业已收款入账，而银行未收款未记账的款项（企业已收，银行未收）。例如，企业销售商品收到转账支票并送存银行，企业已经登记“银行存款”增加，而在对账前银行对该笔业务尚未入账的款项。

②企业已付款入账，而银行未付款未记账的款项（企业已付，银行未付）。例如，企业采购原材料，向对方开出转账支票，企业根据支票存根已登记“银行存款”的减少，但在对账前，对方企业未到银行办理转账业务，即银行未收到该支票，未登记银行存款的减少的款项。

二是银行已经入账而企业尚未入账的款项。

③银行已收款入账，而企业未收款未记账的款项（银行已收，企业未收）。例如，银行收到外单位采用托收承付结算方式支付的购货款项，银行方面已经登记入账，但企业尚未收到银行通知而未入账的款项。

④银行已付款入账，而企业未付款未记账的款项（银行已付，企业未付）。例如，企业和银行办理委托付款业务支付水电费，银行按照规定支付相关费用，并登记入账，但企业尚未收到付款凭证而未入账的款项。

4. 清查步骤

（1）将本单位银行存款日记账与银行对账单，以结算凭证的种类、号码和金额为依据，逐日逐笔核对。凡双方都有记录的，用铅笔在金额旁打上记号“√”。

（2）找出未达账项（即银行存款日记账和银行对账单中没有打“√”的款项）。

（3）将日记账和对账单的月末余额及找出的未达账项填入“银行存款余额调节表”，并计算出调整后的余额。

（4）将调整平衡的“银行存款余额调节表”，经主管会计签章后，呈报开户银行。

5. 银行存款余额调节表的编制

【例题】某公司收到开户银行转来的对账单，余额为 67 000 元，该公司银行存款日记账余额为 59 650 元，经逐笔核对，发现以下几笔未达账项。

（1）12 月 27 日，公司购买设备一台，开出转账支票 8 200 元，持票人尚未到银行兑现（银行未减）。

（2）12 月 27 日，银行收到外地汇款 7 900 元，已存入公司账户，公司尚未收到收款通知（企业未加）。

（3）12 月 28 日，银行代公司支付本月电话费 1 200 元，公司尚未收到付款通知（企业未减）。

（4）12 月 29 日，公司预收货款，收到转账支票 5 000 元，送存银行，银行尚未入账（银行未加）。

（5）12 月 30 日，银行已从公司存款账户中扣掉公司应付的短期借款利息 3 600 元，公司尚未收到付息通知（企业未减）。

（6）12 月 30 日，发生银行存款收入 1 050 元，银行已入账，公司尚未收到利息清单（企业未加）。

要求：填制银行存款余额调节表（见表 9-2-2）。

表9-2-2　银行存款余额调节表　　单位：元

项目	金额	项目	金额
银行存款日记账余额 加：银行已收，企业未收 减：银行已付，企业未付	59 650 （7 900 + 1 050） （1 200 + 3 600）	银行对账单余额 加：企业已收，银行未收 减：企业已付，银行未付	67 000 5 000 8 200
调节后的存款余额	63 800	调节后的存款余额	63 800

银行存款余额调节表的编制，是以双方账面余额为基础，各自分别加上对方已收款入账而己方尚未入账的数额，减去对方已付款入账而己方尚未入账的数额。其计算公式如下：

企业银行存款日记账余额＋银行已收企业未收款－银行已付企业未付款＝银行对账单存款余额＋企业已收银行未收款－企业已付银行未付款

6. 银行存款余额调节表的作用

（1）银行存款余额调节表是一种对账记录或对账工具，不能作为调整账面记录的依据，即不能根据银行存款余额调节表中的未达账项来调整银行存款账面记录，未达账项只有在收到有关凭证后才能进行有关的账务处理。

（2）调节后的余额如果相等，通常说明企业和银行的账面记录一般没有错误，该余额通常为企业可以动用的银行存款实有数。

（3）调节后的余额如果不相等，通常说明一方或双方记账有误，需进一步追查，查明原因后予以更正和处理。

（4）凡有几个银行户头以及开设有外币存款户头的单位，应分别按存款户头开设“银行存款日记账”。

每月月底，应分别将各户头的“银行存款日记账”与各户头的“银行对账单”核对，并分别编制各户头的“银行存款余额调节表”。

二、实物资产的清查方法

实物资产的清查主要包括对存货的清查和对固定资产的清查。

存货一般包括原材料、在产品、库存商品、低值易耗品等。对这些财产物资的清查，不仅要核对数量，还要查看质量，看看有无损坏、变质的情况。同时由于实物资产种类繁多，情况复杂，在清查时往往要根据实际情况，针对不同的清查对象，选择不同的清查方法。

实务中最常用的是实地盘点法和技术推算法。

（一）实地盘点法

实地盘点法是指在财产物资存放地，逐一清点数量或用计量仪器确定其实存数量的一种方法。采用这种方法得到的数据准确可靠，现实中大多数物资清查都采用这种方法，但是工作量比较大。

实施盘点时，盘点人员应做好盘点记录。等到盘点结束后，应及时根据盘点记录填制“财产物资盘点表”，并由监盘人员、盘点人员和财产物资保管人员共同签名盖章。财产物资盘点表的格式和内容如表 9-2-3 所示。

表9-2-3 财产物资盘点表

单位名称:　　　　　　　　　　　　　　　　盘点日期:

财产类别:　　　　　　　　　　　　　　　　盘点地点:

资产名称	资产编号	计量单位	数量	单价	金额	说明
合计						

监盘人:　　　　　　　　　盘点人:　　　　　　　　　保管人员:

（二）技术推算法

技术推算法是指利用相关的技术和工具，推算出财产物资实存数的一种方法。该种方法主要适用于单位价值比较低，堆垛量很大，逐一清点比较困难的物资，如沙石、原煤等。

为了明确相关经济责任，进行财产清查时，有关财产物资的保管人员必须在场，并参加清查盘点工作。对各项财产物资的盘点结果，应逐一填制盘点表，由监盘人员、盘点人员和财产物资保管人员共同签名盖章。

为了进一步查明盘点结果同账簿余额是否一致，还应根据盘点表和账簿记录编制“实存账存对比表”。该表是财产清查中非常重要的原始凭证，也是分析差异原因，明确经济责任的重要依据。实存账存对比表的格式和内容如表 9-2-4 所示。

表9-2-4 实存账存对比表

使用部门:　　　　　　　　盘点日期:　　　　　　　　编号:

财产类别:　　　　　　　　存放地点:　　　　　　　　单位：元

<table>
<tr><th rowspan="3">编号</th><th rowspan="3">类别
及名称</th><th rowspan="3">计量单位</th><th rowspan="3">单价</th><th colspan="2">实存</th><th colspan="2">账存</th><th colspan="4">对比结果</th></tr>
<tr><th rowspan="2">数量</th><th rowspan="2">金额</th><th rowspan="2">数量</th><th rowspan="2">金额</th><th colspan="2">盘盈</th><th colspan="2">盘亏</th></tr>
<tr><th>数量</th><th>金额</th><th>数量</th><th>金额</th></tr>
<tr><td></td><td></td><td></td><td></td><td></td><td></td><td></td><td></td><td></td><td></td><td></td><td></td></tr>
<tr><td></td><td></td><td></td><td></td><td></td><td></td><td></td><td></td><td></td><td></td><td></td><td></td></tr>
<tr><td>合计</td><td></td><td></td><td></td><td></td><td></td><td></td><td></td><td></td><td></td><td></td><td></td></tr>
</table>

监盘人:　　　　　　　　　盘点人:　　　　　　　　　保管人员:

三、往来款项的清查方法

往来款项是指各种债权债务结算款项，主要包括应收账款、应付账款、预收账款、预付账款及其他应收款、其他应付款。往来款项的清查一般采用发函询证的方法进行核对。

具体程序如下。

（1）将本单位往来账项核对清楚，确认准确无误。

（2）编制“往来款项对账单”，可通过信函、电函、亲函等方式送达对方单位，与债务人或债权人进行核对。对账单应按明细账户逐笔抄写，一式两联，其中一联是回单联。对方单位收到对账单，如核对相符，应在回单上盖章后退回本单位。如果发现数字不符，应将不符情况在回单上注明或另抄对账单退回，作为进一步核对的依据。往来款项对账单的格式和内容如图 9-2-1 所示。

往来款项对账单

×××单位：

贵单位于××年×月×日购入我单位××产品××件，已付货款×××元，尚有×××元货款未付，请核对后将回单联寄回。

核查单位：（盖章）

××年×月×日

如核对相符，请盖章确认（沿此虚线裁开，将以下回单联寄回）；如金额存在差异，请注明贵单位记载的金额。

往来款项对账单（回单联）

×××核查单位：

贵单位寄来的“往来款项对账单”已经收到，经核对相符无误（或不符，应注明具体内容）。

×××单位：（盖章）

××年×月×日

图9-2-1 往来款项对账单的格式与内容

（3）收到回单以后，要根据清查结果编制“往来款项清查表”，由清查人员和记账人员共同签名盖章。在清查中，尤其要注意有无争议款、未达账项、无法收回款项等。对不同的情况要采取措施加以处理，避免和减少损失。往来款项清查表的格式和内容如表 9-2-5 所示。

表9-2-5　往来款项清查表

明细分类账户		清查结果		核对不符原因分析			备注
名称	账面金额	核对相符金额	核对不符金额	未达账项金额	有争议款项金额	其他	

清查人员（签章）：　　　　　　　　　　　　　　记账人员（签章）：

第三节　财产清查结果的处理

一、财产清查结果处理的要求

财产清查以后，如果没有发现任何问题，说明会计人员的工作做得比较扎实，应继续保持。但这种情况往往是理想化的。一般情况下，通过财产清查或多或少会发现会计工作、财产物资管理上存在的问题。对于财产清查中发现的问题，应核实情况，分析产生的原因，按照会计制度或者会计准则的要求做出相应的处理。财产物资清查结果的处理应该包括以下几方面的要求。

（1）分析产生差异的原因和性质，提出处理建议。

（2）及时调整账簿记录，保证账实相符。

（3）积极处理多余积压财产，清理往来款项。

（4）总结经验教训，建立和健全各项管理制度。

二、财产清查结果处理的步骤

1. 账实不符的分类

（1）若实存数大于账存数，则称为盘盈。

（2）若实存数小于账存数，则称为盘亏。

（3）如果实存的财产物资质量存在问题，不能按正常的财产物资使用的，称为毁损。

2. 处理步骤

对财产清查结果的处理可以按照以下两个步骤进行。

（1）审批之前的处理。通过“实存账存对比表”“盘点报告表”等已经查实的数据资料，填制记账凭证，登记有关账簿，对账簿记录进行调整，达到账实相符。同时还要对货币资金、财产物资及债权债务等的盘盈和盘亏进行分析，提出处理意见，并报经有关领导及部门审批。

（2）审批之后的处理。财产清查的各种损溢，应于期末前查明原因，并且根据相关管理的权限，由企业部门（股东大会或董事会）、领导（经理、厂长）批准后，在期末结账前处理完毕。财务部门应严格根据处理意见进行账务处理，填制凭证和登记账簿，并根据相关责任，追回由于责任者造成的相关损失。

企业清查的各种财产的损溢，如果在期末结账前尚未经批准，在对外提供财务报表时，先按上述规定进行处理，并在附注中做出说明；其后批准处理的金额与已处理金额不一致的，调整财务报表相关项目的年初数。

三、财产清查结果的账务处理

（一）设置“待处理财产损溢”账户

“待处理财产损溢”账户属于双重性质的资产类账户，该账户应设置“待处理流动资产损溢”和“待处理非流动资产损溢”两个明细科目，分别核算流动资产和非流动资产的待处理财产损溢。

该账户借方登记待处理财产盘亏、毁损金额和报经批准后结转的待处理财产盘盈数；贷方登记待处理财产盘盈金额和报经批准后结转的待处理财产盘亏、毁损数。企业清查的各种财产的盘盈、盘亏和毁损应在期末结账前处理完毕，所以“待处理财产损溢”账户在期末结账后没有余额。“待处理财产损溢”账户的结构和内容如图 9-3-1 所示。

借方　　　　待处理财产损溢	贷方
待处理财产盘亏、毁损金额 报经批准后结转的待处理财产盘盈数	待处理财产盘盈金额 报经批准后结转的待处理财产盘亏、毁损数

图9-3-1　“待处理财产损溢”账户的结构和内容

在此提醒读者注意的是，“待处理财产损溢”账户理解起来可能比较抽象，需要结合实际账务处理来消化。

（二）库存现金清查的账务处理

1. 库存现金盘盈的账务处理

（1）审批之前：库存现金盘盈时，应及时办理库存现金的入账手续，调整库存现金账簿记录，即按盘盈的金额借记“库存现金”科目，贷记“待处理财产损溢——待处理流动资产损溢”科目。

（2）审批之后：对于盘盈的库存现金，应及时查明原因，按管理权限报经批准后，归为盘盈的金额借记“待处理财产损溢——待处理流动资产损溢”科目，归为需要支付或退还他人的金额贷记“其他应付款”科目，归为无法查明原因的金额贷记“营业外收入”科目。

【例题】甲公司在现金清查中，发现库存现金较账面余额多出 800 元。经查，其中的 500 元为应付乙公司的账款，其余部分原因不明。

甲公司应做出如下会计处理：

（1）审批之前。

借：库存现金　　800

　　贷：待处理财产损溢——待处理流动资产损溢　　800

（2）审批之后。

借：待处理财产损溢——待处理流动资产损溢　　800

　　贷：其他应付款——乙公司　　500

　　　　营业外收入　　300

2. 库存现金盘亏的账务处理

（1）审批之前：库存现金盘亏时，应及时办理盘亏的确认手续，调整库存现金账簿记录，即按盘亏的金额借记“待处理财产损溢——待处理流动资产损溢”科目，贷记“库存现金”科目。

（2）审批之后：对于盘亏的库存现金，应及时查明原因，按管理权限报经批准后，归为可收回的保险赔偿和过失人赔偿的金额借记“其他应收款”科目，归为管理不善等原因造成净损失的金额借记“管理费用”科目，归为自然灾害等原因造成净损失的金额借记“营业外支出”科目，归为原记入“待处理财产损溢——待处理流动资产损溢”科目借方的金额贷记本科目。

【例题】甲公司在现金清查中，发现库存现金较账面余额短缺 600 元。经查，现金的短缺属于出纳员李丽的责任，责任人赔偿 400 元，其余部分因管理不善造成。

甲公司应做出如下会计处理：

（1）审批之前。

借：待处理财产损溢——待处理流动资产损溢　　600

　　贷：库存现金　　600

（2）审批之后。

借：其他应收款——李丽 400

管理费用 200

贷：待处理财产损溢——待处理流动资产损溢 600

（三）存货清查的账务处理

1. 存货盘盈的账务处理

存货盘盈时，应及时办理存货入账手续，调整存货账簿的实存数。盘盈的存货应按其重置成本作为入账价值，借记“原材料”“库存商品”等科目，贷记“待处理财产损溢——待处理流动资产损溢”科目。

对于盘盈的存货，应及时查明原因，按管理权限报经批准后，冲减管理费用，即按其入账价值，借记“待处理财产损溢——待处理流动资产损溢”科目，贷记“管理费用”科目。

【例题】某企业在财产清查中，发现盘盈甲材料 2 000 元，经查明是由于收发计量上的错误所致。

该企业应做出如下会计处理：

（1）发生盘盈时。

借：原材料——甲材料 2 000

贷：待处理财产损溢——待处理流动资产损溢 2 000

（2）报经批准后，结平待处理财产损溢科目。

借：待处理财产损溢——待处理流动资产损溢 2 000

贷：管理费用 2 000

2. 存货盘亏的账务处理

（1）审批之前：存货盘亏时，应按盘亏的金额借记“待处理财产损溢——待处理流动资产损溢”科目，贷记“原材料”“库存商品”等科目。材料、产成品、商品采用计划成本（或售价）核算的，应同时结转成本差异（或商品进销差价）。涉及增值税的，还应进行相应处理。

（2）审批之后：对于盘亏的存货，应及时查明原因，按管理权限报经批准后，归为可收回的保险赔偿和过失人赔偿的金额借记“其他应收款”科目，按管理不善等原因造成净损失的金额借记“管理费用”科目，归为自然灾害等原因造成净损失的金额借记“营业外支出”科目，归为原记入“待处理财产损溢——待处理流动资产损溢”科目借方的金额贷记本科目。

【例题】某企业盘亏乙材料 2 000 元，经查明部分是由于保管人员过失造成的材料毁损，应由过失人赔偿 1 500 元，其余为自然灾害造成，假设不考虑增值税因素。

该企业应做出如下会计处理：

（1）发生盘亏时。

借：待处理财产损溢——待处理流动资产损溢　　2 000

　　贷：原材料——乙材料　　2 000

（2）报经批准后，结平待处理财产损溢科目。

借：其他应收款——保管人员　　1 500

　　营业外支出　　500

　　贷：待处理财产损溢——待处理流动资产损溢　　2 000

（四）固定资产清查账务处理

1. 固定资产盘盈的账务处理

企业在财产清查过程中盘盈的固定资产，经查明确属企业所有，按管理权限报经批准后，应根据盘存凭证填制固定资产交接凭证，经有关人员签字后送交企业会计部门，填写固定资产卡片账，并作为前期差错处理，通过“以前年度损益调整”科目核算。

盘盈的固定资产通常按其重置成本作为入账价值，借记“固定资产”科目，贷记“以前年度损益调整”科目。

【例题】甲公司为增值税一般纳税人，2020 年 1 月 5 日，在财产清查过程中发现 2017 年 12 月购入的一台设备尚未入账，重置成本为 30 000 元。假定甲公司按净利润的 10% 提取法定盈余公积，不考虑相关税费及其他因素的影响。

甲公司应编制如下会计分录。

（1）盘盈固定资产时。

借：固定资产　　30 000

　　贷：以前年度损益调整　　30 000

（2）结转为留存收益时。

借：以前年度损益调整　　30 000

　　贷：盈余公积——法定盈余公积　　3 000

　　　　利润分配——未分配利润　　27 000

2. 固定资产盘亏的账务处理

（1）审批之前：固定资产盘亏时，应及时办理固定资产注销手续，按盘亏固定资产的账面价值，借记“待处理财产损溢——待处理非流动资产损溢”科目；按已提折旧额，借记“累计折旧”科目；按其原价，贷记“固定资产”科目。

（2）审批之后：对于盘亏的固定资产，应及时查明原因，按管理权限报经批准后，按过失人及保险公司应赔偿额，借记“其他应收款”科目；按盘亏固定资产的原价扣除累计折旧和过失人及保险公司赔偿后的差额，借记“营业外支出”科目；按盘亏固定资产的账面价值，贷记“待处理财产损溢——待处理非流动资产损溢”科目。

【例题】某企业在财产清查中，发现盘亏设备一台，其原值为 50 000 元，已提折旧额 30 000 元。

该企业应做出如下会计处理：

（1）发生盘亏时，要让账实相符。

借：待处理财产损溢——待处理非流动资产损溢　　20 000
　　累计折旧　　30 000
　　贷：固定资产　　50 000

（2）报经批准后，要结平待处理财产损溢科目。

借：营业外支出　　20 000
　　贷：待处理财产损溢——待处理非流动资产损溢　　20 000

（五）结算往来款项盘存的账务处理

1. 应付款项

在财产清查过程中发现的长期未结算的往来款项，应及时清查。对于经查明确实无法支付的应付款项可按规定程序报经批准后，转为营业外收入。

2. 应收款项

企业对有确凿证据表明确实无法收回的应收款项，经批准后作为坏账损失。

（1）坏账的概念。坏账是指企业无法收回或收回的可能性极小的应收款项。由于发生坏账而产生的损失，称为坏账损失。

（2）企业通常应将符合下列条件之一的应收款项确认为坏账。

①债务人死亡，以其遗产清偿后仍然无法收回。

②债务人破产，以其破产财产清偿后仍然无法收回。

③债务人较长时间内未履行其偿债义务，并有足够的证据表明无法收回或者收回的可能性极小。

为了核算企业发生的坏账损失，企业应当设置“坏账准备”账户，核算应收款项的坏账准备的计提、转销等情况。因坏账准备涉及的内容较为复杂，零基础入门阶段不再为读者介绍更多的知识。

CHAPTER 10

第十章
会计工作的“体检报告”——财务报表

第十章

本章主要介绍财务报表的相关知识，主要包括财务报表的概念、分类与编制要求，资产负债表、利润表和现金流量表的相关概念和编制方法。会计人员一直把财务报表看作自己财务工作的“体验报告”，其重要性不言而喻。

第一节 财务报表概述

一、财务报表的概念与分类

（一）财务报表的概念

财务报表是对企业财务状况、经营成果和现金流量的结构性表述。财务报表将会计账簿上分散的资料进行归类汇总，形成一套规范的、能够综合反映企业财务状况和经营成果以及现金流量的会计信息。

财务报表至少应当包括下列组成部分（四表一注）。

(1) 资产负债表。

(2) 利润表。

(3) 现金流量表。

(4) 所有者权益（或股东权益）变动表。

(5) 附注。

这些组成部分具有同等的重要程度，但小企业编制的会计报表可以不包括现金流量表。

（二）财务报表的分类

财务报表可以按照不同的标准进行分类。

1. 按编制财务报表的主体不同分类

（1）个别财务报表。个别财务报表是指母公司或者子公司编制的，仅仅反映公司自身的财务状况、经营成果和现金流量的报表。

个别财务报表反映的是单个企业法人的财务状况和经营成果，反映的对象是企业法人。个别财务报表是由独立的法人企业编制，所有企业都需要编制个别财务报表。

（2）合并财务报表。合并财务报表简称合并报表，是指综合反映以产权纽带关系而构成的企业集团在某一时点或期间整体财务状况、经营成果和资金流转情况的会计报表，是由企业集团对其他有控制权的控股公司或母公司编制。主要包括合并资产负债表、合并利润表、合并利润分配表、合并现金流量表。

并不是企业集团中的所有企业都必须编制合并财务报表，更不是社会上所有企业都需要编制合并财务报表。合并财务报表反映的是母公司和子公司所组成的企业集团整体的财务状况和经营成果，反映的对象是由若干个法人组成的会计主体，是经济意义上的会计主体，而不是法律意义上的主体。

2. 按编制财务报表的时间不同分类

（1）年度财务报表。年度财务报表简称年报，在年度终了时编制，并于年度终了后四个月内报出。年度报表应该包括资产负债表、利润表、现金流量表和所有者权益变动表。

（2）中期财务报表。中期财务报表是指以短于一个完整会计年度的报告期间为基础编制的报表，又可分为半年度、季度、月度财务报表。中期财务报表反映企业过去的财务状况和经营成果，为报表使用者提供决策有用的信息，帮助其预测企业年度内未来期间的财务状况和经营成果，有助于投资者、债权人对企业的未来做出正确的分析和预测。

二、财务报表编制的基本要求

财务报表是企业重要的会计信息，我国《企业会计准则》规定在编制财务报表时应该遵循一定的要求，主要包括以下八个方面。

（一）以持续经营为基础编制

企业应当以持续经营为基础，根据实际发生的交易和事项，按照《企业会计准则——基本准则》和其他各项会计准则的规定进行确认和计量，在此基础上编制财务报表。

如果企业预计以持续经营为基础编制财务报表不再合理，企业应当采用其他基础编制财务报表，并在附注中声明财务报表未以持续经营为基础编制的事实、披露未以持续经营为基础编制的原因和财务报表的编制基础。

（二）按正确的会计基础编制

会计基础主要有两种，权责发生制和收付实现制。除现金流量表按照收付实现制原则编制外，企业应当按照权责发生制原则编制财务报表。

（三）至少按年编制财务报表

一般来说，企业至少应当按年编制财务报表。如果年度财务报表涵盖的期间短于一年的，应当披露年度财务报表的涵盖期间、短于一年的原因以及报表数据不具可比性的事实。

（四）项目列报遵守重要性原则

重要性，是指在合理预期下，财务报表某项目的省略或错报会影响使用者据此做出经济决策的，该项目具有重要性。

重要性应当根据企业所处的具体环境，从项目的性质和金额两方面予以判断，且对各项目重要性的判断标准一经确定，不得随意变更。

判断项目性质的重要性，应当考虑该项目在性质上是否属于企业日常活动，是否显著影响企业的财务状况、经营成果和现金流量等因素；判断项目金额大小的重要性，应当考虑该项目金额占资产总额、负债总额、所有者权益总额、营业收入总额、营业成本总额、净利润、综合收益总额等直接相关项目金额的比重或所属报表单列项目金额的比重。

性质或功能不同的项目，应当在财务报表中单独列报，但不具有重要性的项目除外。性质或功能类似的项目，其所属类别具有重要性的，应当按其类别在财务报表中单独列报。

某些项目的重要性程度不足以在资产负债表、利润表、现金流量表或所有者权益变动表中单独列示，但对附注却具有重要性，则应当在附注中单独披露。

《企业会计准则第 30 号——财务报表列报》规定在财务报表中单独列报的项目，应当单独列报。其他会计准则规定单独列报的项目，应当增加单独列报项目。

（五）保持各个会计期间财务报表项目列报的一致性

财务报表项目的列报应当在各个会计期间保持一致，不得随意变更，但以下两种情况除外。

（1）会计准则要求改变财务报表项目的列报。

（2）企业经营业务的性质发生重大变化后，变更财务报表项目的列报能够提供更可靠、更相关的会计信息外，不得随意变更。

（六）各项目之间的金额不得相互抵销

财务报表中的资产项目和负债项目的金额、收入项目和费用项目的金额、直接记入当期利润的利得项目和损失项目的金额不得相互抵销，但其他会计准则另有规定的除外。例如，企业预付给供应商的款项不得与企业预收客户的款项相互抵销。

提醒读者注意的是，以下这三种情况不属于抵销，可以按净额列示。

（1）一组类似交易形成的利得和损失应当以净额列示，但具有重要性的除外。

（2）资产或负债项目按扣除备抵项目后的净额列示，不属于抵销。

（3）非日常活动产生的利得和损失，以同一交易形成的收益扣减相关费用后的净额列示更能反映交易实质的，不属于抵销。

（七）至少应当提供所有列报项目上一个可比会计期间的比较数据

当期财务报表的列报，至少应当提供所有列报项目上一个可比会计期间的比较数据，以及与理解当期财务报表相关的说明，但其他会计准则另有规定的除外。

财务报表的列报项目发生变更的，应当至少对可比期间的数据按照当期的列报要求进行调整，并在附注中披露调整的原因和性质，以及调整的各项目金额。对可比数据进行调整不切实可行的，应当在附注中披露不能调整的原因。

（八）应当在财务报表的显著位置披露编报企业的名称等重要信息

企业应当在财务报表的显著位置（如表首）至少披露下列各项。

（1）编报企业的名称。

（2）资产负债表日或财务报表涵盖的会计期间。

（3）人民币金额单位。

（4）财务报表是合并财务报表的，应当予以标明。

三、财务报表编制前的准备工作

在编制财务报表前，需要完成下列工作。

（1）严格审核会计账簿的记录和有关资料。

（2）检查相关的会计核算是否按照国家统一的会计制度的规定进行。

（3）检查是否存在因会计差错、会计政策变更等需要调整前期或本期相关项目的情况等。

（4）进行全面财产清查、核实债务，并按规定程序报批，进行相应的会计处理。

（5）按规定的结账日进行结账，结出有关会计账簿的余额和发生额，并核对各会计账簿之间的余额。

第二节　资产负债表

一、资产负债表的概念与作用

（一）资产负债表的概念

资产负债表是反映企业在某一特定日期的财务状况的财务报表。资产负债表的编制是以“资产＝负债＋所有者权益”平衡等式为理论依据，把企业在特定的日期（月末、季末、年末）全部资产、全部负债和全部使用者权益进行分类汇总编报而成的，是企业对外报送的重要的会计报表之一。

（二）资产负债表的作用

资产负债表的作用主要体现在以下三个方面。

（1）反映企业在某一特定日期的资产总额及其具体构成的状况，揭示企业资产的具体结构，帮助会计信息的使用者分析企业的经济资源以及分布情况。例如，从流动资产来看，就可以了解到企业在银行的存款以及变现能力，掌握资产的实际流动性与质量。

（2）反映企业在某一特定日期的负债总额及其构成，揭示企业的资金来源，分析企业当前与未来需要支付的债务数额。负债总额表示企业承担债务的多少，负债结构反映了企业偿还负债的紧迫性和偿债压力的大小。

（3）反映企业所有者权益的具体情况，了解企业现有投资者在企业投资总额中所占的份额，有助于报表使用者分析、预测企业生产经营安全程度和抗风险的能力。

二、资产负债表的列示要求

（一）分类别列报

资产负债表应当按照资产、负债和所有者权益三大类别分类列报。

（二）资产和负债按流动性列报

资产和负债应当按照流动性分别分为流动资产和非流动资产、流动负债和非流动负债列示。按照财务报表列报准则的规定，应先列报流动性强的资产或负债，再列报流动性弱的资产或负债。

（三）列报相关的合计、总计项目

资产类至少应当列示流动资产和非流动资产的合计项目；负债类至少应当列示流动负债、非流动负债以及负债的合计项目；所有者权益类应当列示所有者权益的合计项目。

资产负债表应当分别列示资产总计项目和负债与所有者权益之和的总计项目，并且二者的金额应当相等。

三、我国资产负债表的格式

资产负债表主要有账户式和报告式两种。在我国，资产负债表采用账户式的格式，即左侧列示资产，右侧列示负债和所有者权益。

（一）基本结构

账户式资产负债表的基本结构类似于账户，分为左、右两方，左方列示资产，右方列示负债和所有者权益。

在左方资产项目中，又按照流动性（亦称变现能力）由大到小、自上而下依次排列，流动性大的资产排在前面，即“货币资金”排在最上方，依次是“交易性金融资产”等，而“固定资产”“无形资产”等非流动资产排在后面。

在右方，负债排在上方，排完负债后再排所有者权益。在负债项目里，按照偿还期限的长短，偿还期限短的排在前面，偿还期限长的排在后面。在所有者权益项目里，则按照权益的稳定性由大到小、自上而下依次排列。

（二）报表的构成

账户式资产负债表由表首、表体和表尾组成，表体是报表的主体和核心。

表首即表头，是资产负债表的基本信息部分，主要填列报表的名称、编制单位、填报的日期、报表代号和人民币金额单位。表体部分是资产负债表的主体内容，其反映报表详细具体的内容。表尾部分主要是标明资产负债表的备注、补充和其他需要说明的情况。账户式资产负债表的格式和内容如表 10-2-1 所示。

表10-2-1 账户式资产负债表的格式和内容

资产负债表

编制单位: 年 月 日 单位：元

资产	期末余额	年初余额	负债和所有者权益（或股东权益）	期末余额	年初余额
流动资产:			流动负债:		
货币资金			短期借款		
交易性金融资产			交易性金融负债		
衍生金融资产			衍生金融负债		
应收票据			应付票据		
应收账款			应付账款		
应收款项融资			预收款项		
预付款项			合同负债		
其他应收款			应付职工薪酬		
存货			应交税费		
合同资产			其他应付款		
持有待售资产			持有待售负债		
一年内到期的非流动资产			一年内到期的非流动负债		
其他流动资产			其他流动负债		
流动资产合计			流动负债合计		
非流动资产:			非流动负债:		
债权投资			长期借款		
其他债权投资			应付债券		
长期应收款			其中：优先股		
长期股权投资			永续债		

续表

资产	期末余额	年初余额	负债和所有者权益（或股东权益）	期末余额	年初余额
其他权益工具投资			租赁负债		
其他非流动金融资产			长期应付款		
投资性房地产			预计负债		
固定资产			递延收益		
在建工程			递延所得税负债		
生产性生物资产			其他非流动负债		
油气资产			非流动负债合计		
使用权资产			负债合计		
无形资产			所有者权益（或股东权益）：		
开发支出			实收资本（或股本）		
商誉			其他权益工具		
长期待摊费用			其中：优先股		
递延所得税资产			永续债		
其他非流动资产			资本公积		
非流动资产合计			减：库存股		
			其他综合收益		
			专项储备		
			盈余公积		
			未分配利润		
			所有者权益（或股东权益）合计		
资产总计			负债和所有者权益（或股东权益）总计		

四、资产负债表编制的基本方法

资产负债表的填列内容主要包括“年初余额（上年年末余额）”栏和“期末余额”栏，以便进行比较，借以考核编制报表日各项资产、负债和所有者权益指标与上年末相比的增减变动情况。

（一）“期末余额”栏的填列方法

1. 根据一个或几个总账科目的余额填列

例如，资产负债表中的短期借款、实收资本等项目，应根据总账科目的期末余额直接填列；“货币资金”项目应根据库存现金、银行存款、其他货币资金科目期末余额的合计数填列。

【例题】202× 年 12 月 31 日，甲公司“短期借款”科目的余额如下所示：银行质押借款 10 万元，信用借款 40 万元。

则 202× 年 12 月 31 日，甲公司资产负债表中“短期借款”项目“期末余额”的列报金额＝ 10 ＋ 40 ＝ 50（万元）。

【例题】202× 年 12 月 1 日，甲公司“库存现金”科目余额为 0.1 万元，“银行存款”科目余额为 100.9 万元，“其他货币资金”科目余额为 99 万元；本月销售货物收到银行汇票 10 万元、收到银行承兑汇票 20 万元，采购货物开出 30 万元银行汇票、开具 40 万元商业承兑汇票并交付。

则 202× 年 12 月 31 日，甲公司资产负债表中“货币资金”项目“期末余额”＝（0.1 ＋ 100.9 ＋ 99）＋ 10 － 30 ＝ 180（万元）。

2. 根据明细账户余额计算填列

例如，“预收款项”项目，根据“应收账款”和“预收账款”两个科目所属的相关明细科目的期末贷方余额计算填列。

“应付账款”项目，根据“应付账款”和“预付账款”两个科目所属的相关明细科目的期末贷方余额计算填列。

“应收账款”项目，根据“应收账款”科目和“预收账款”科目所属的明细科目的期末借方余额减去与“应收账款”有关的坏账准备计算填列。

“预付款项”项目，根据“应付账款”科目和“预付账款”科目所属的明细科目的期末借方余额减去与“预付账款”有关的坏账准备计算填列。

【例题】甲公司 202× 年 12 月 31 日结账后有关账户余额如表 10-2-2 所示。

表10-2-2　甲公司202×年12月31日结账后有关账户余额　　单位：万元

科目	总账余额	借方明细	贷方明细	坏账准备
应收账款	借 150	160	10	20
预收账款	贷 80	60	140	
应付账款	贷 140	40	180	
预付账款	借 74	80	6	10

根据上述资料，计算资产负债表中下列项目的金额：

（1）应收账款项目金额＝ 160 ＋ 60 － 20 ＝ 200（万元）。

（2）应付账款项目金额＝ 180 ＋ 6 ＝ 186（万元）。

（3）预付款项项目金额＝ 80 ＋ 40 － 10 ＝ 110（万元）。

（4）预收款项项目金额＝ 10 ＋ 140 ＝ 150（万元）。

3. 根据总账账户和明细账账户余额分析计算填列

例如，“长期借款”项目应根据“长期借款”总账科目余额扣除“长期借款”账户所属明细科目中反映的将在资产负债表日起一年内到期且企业不能自主地将清偿义务展期的长期借款部分计算填列。将于一年内到期且企业不能自主地将清偿义务展期的长期借款记入“一年内到期的非流动负债”项目。

【例题】某企业长期借款情况如表 10-2-3 所示，则该企业 202× 年 12 月 31 日资产负债表中“长期借款” 项目金额是多少?

表10-2-3　某企业长期借款情况

借款起始日期	借款期限（年）	金额（元）
202× 年 3 月 1 日	3	1 000 000
202× 年 5 月 1 日	5	2 000 000
202× 年 6 月 1 日	4	1 500 000

【解析】本例中，企业应当根据“长期借款”总账科目余额 4 500 000（1 000 000 ＋ 2 000 000 ＋ 1 500 000）元，减去一年内到期且企业不能自主地将清偿义务展期的长期借款 1 500 000 元计算“长期借款”项目的金额。该企业 202× 年 12 月 31 日资产负债表中“长期借款”项目金额＝ 1 000 000 ＋ 2 000 000 ＝ 3 000 000（元）。

4. 根据有关科目余额减去其备抵科目余额后的净额填列

例如“固定资产”项目，应当根据“固定资产”科目的期末余额，减去“累计折旧”“固定资产减值准备”等备抵科目的期末余额，以及“固定资产清理”科目期末余额后的净额填列。

【例题】202×年12月31日，甲公司“固定资产”科目借方余额为5 000万元，“累计折旧”科目贷方余额为2 000万元，“固定资产减值准备”科目贷方余额为500万元，“固定资产清理”科目借方余额为500万元。

则202×年12月31日，甲公司资产负债表中“固定资产”项目“期末余额”的列报金额＝5 000－2 000－500＋500＝3 000（万元）。

5. 综合运用上述填列方法分析填列

例如，资产负债表中的“存货”项目，应根据“原材料”“周转材料”“在途物资”“材料采购”“委托加工物资”“库存商品”“生产成本”“材料成本差异”“发出商品”等总账账户期末余额的分析汇总数，再减去“存货跌价准备”账户余额后的净额填列。

【例题】202×年12月31日，甲公司有关科目余额如下：“发出商品”科目借方余额为800万元，“生产成本”科目借方余额为300万元，“原材料”科目借方余额为100万元，“工程物资”科目借方余额为300万元，“委托加工物资”科目借方余额为200万元，“材料成本差异”科目的贷方余额为25万元，“存货跌价准备”科目贷方余额为100万元，“受托代销商品”科目借方余额为400万元，“受托代销商品款”科目贷方余额为400万元。

则202×年12月31日，甲公司资产负债表中“存货”项目“期末余额”的列报金额＝800＋300＋100＋200－25－100＋400－400＝1 275（万元）。

【敲黑板】工程物资不属于企业的存货，应在资产负债表中“在建工程”项目填列。

（二）“年初余额”栏的填列方法

资产负债表的“年初余额”栏，应根据上年年末资产负债表的“期末余额”栏内所列数字填列。如果上年度资产负债表规定的各个项目的名称和内容与本年度不相一致，应按照本年度的规定对上年年末资产负债表各项目的名称和数字进行调整，填入资产负债表“上年年末余额”栏内。

（三）资产负债表项目的填列说明

1. 资产项目的填列说明

（1）“货币资金”项目，反映企业期末持有的库存现金、银行存款、银行汇票存款、银行本票存款、信用卡存款、信用证保证金存款、外埠存款、存出投资款等的合计数。本项目应根据“库存现金”“银行存款”“其他货币资金”科目期末余额的合计数填列。

（2）“交易性金融资产”项目，反映资产负债表日企业分类为以公允价值计量且其变动记入当期损益的金融资产，以及企业持有的指定为以公允价值计量且其变动记入当期损益的金融资产的期末账面价值。本项目应根据“交易性金融资产”科目的相关明细科目期末余额分析填列。

（3）“应收票据”项目，反映资产负债表日以摊余成本计量的，企业因销售商品、提供服务等收到的商业汇票，包括银行承兑汇票和商业承兑汇票。本项目应根据“应收票据”科目的期末余额，减去“坏账准备”科目中相关坏账准备期末余额后的金额分析填列。

（4）“应收账款”项目，反映资产负债表日以摊余成本计量的，企业因销售商品、提供服务等经营活动应收取的款项。本项目应根据“应收账款”科目的期末余额，减去“坏账准备”科目中相关坏账准备期末余额后的金额分析填列。如“预收账款”科目所属明细科目期末为借方余额的，也在本项目填列。

（5）“应收款项融资”项目，反映资产负债表日以公允价值计量且其变动记入其他综合收益的应收票据和应收账款等。

（6）“预付款项”项目，反映企业按照购货合同规定预付给供应单位的款项等。本项目应根据“预付账款”和“应付账款”科目所属各明细科目的期末借方余额合计数，减去“坏账准备”科目中有关预付账款计提的坏账准备期末余额后的净额填列。如“预付账款”科目所属明细科目期末为贷方余额的，应在资产负债表“应付账款”项目内填列。

（7）“其他应收款”项目，应根据“应收利息”“应收股利”“其他应收款”科目的期末余额合计数，减去“坏账准备”科目中相关坏账准备期末余额后的金额填列。其中的“应收利息”仅反映相关金融工具已到期可收取但于资产负债表日尚未收到的利息。基于实际利率法计提的金融工具的利息应包含在相应金融工具的账面余额中。

（8）“存货”项目，反映企业期末在库、在途和在加工中的各种存货的可变现净值。本项目应根据“材料采购”“原材料”“库存商品”“周转材料”“委托加工物资”“生产成本”“受托代销商品”“发出商品”等科目的期末余额合计数，减去“受托代销商品款”“存货跌价准备”科目期末余额后的净额填列。材料采用计划成本核算，以及库存商品采用计划成本核算或售价核算的企业，还应按加或减材料成本差异、商品进销差价后的金额填列。

（9）“合同资产”项目，反映企业按照《企业会计准则第 14 号——收入》（2018）的相关规定，根据本企业履行履约义务与客户付款之间的关系在资产负债表中列示的合同资产。本项目应根据“合同资产”科目的相关明细科目期末余额分析填列。同一合同下的合同资产和合同负债应当以净额列示，其中净额为借方余额的，应当根据其流动性在“合同资产”或“其他非流动资产”项目中填列，已计提减值准备的，还应减去“合同资产减值准备”科目中相关的期末余额后的金额填列；其中，净额为贷方余额的，应当根据其流动性在“合同负债”或“其他非流动负债”项目中填列。

（10）“持有待售资产”项目，反映资产负债表日划分为持有待售类别的非流动资产及划分为持有待售类别的处置组中的流动资产和非流动资产的期末账面价值。本项目应根据“持有待售资产”科目的期末余额，减去“持有待售资产减值准备”科目的期末余额后的金额填列。

（11）“一年内到期的非流动资产”项目，反映企业预计自资产负债表日起一年内变现的非流动资产。本项目应根据有关科目的期末余额分析填列。

（12）“债权投资”项目，反映资产负债表日企业以摊余成本计量的长期债权投资的期末账面价值。本项目应根据“债权投资”科目的相关明细科目期末余额，减去“债权投资减值准备”科目中相关减值准备的期末余额后的金额分析填列。自资产负债表日起一年内到期的长期债权投资的期末账面价值，在“一年内到期的非流动资产”项目反映。企业购入的以摊余成本计量的一年内到期的债权投资的期末账面价值，在“其他流动资产”项目反映。

（13）“其他债权投资”项目，反映资产负债表日企业分类为以公允价值计量且其变动记入其他综合收益的长期债权投资的期末账面价值。本项目应根据“其他债权投资”科目的相关明细科目期末余额分析填列。自资产负债表日起一年内到期的长期债权投资的期末账面价值，在“一年内到期的非流动资产”项目反映。企业购入的以公允价值计量且其变动记入其他综合收益的一年内到期的债权投资的期末账面价值，在“其他流动资产”项目反映。

（14）“长期应收款”项目，反映企业租赁产生的应收款项和采用递延方式分期收款、实质上具有融资性质的销售商品和提供服务等经营活动产生的应收款项。本项目应根据“长期应收款”科目的期末余额，减去相应的“未实现融资收益”科目和“坏账准备”科目所属相关明细科目期末余额后的金额填列。

（15）“长期股权投资”项目，反映投资方对被投资单位实施控制、重大影响的权益性投资，以及对其合营企业的权益性投资。本项目应根据“长期股权投资”科目的期末余额，减去“长期股权投资减值准备”科目的期末余额后的净额填列。

（16）“其他权益工具投资”项目，反映资产负债表日企业指定为以公允价值计量且其变动记入其他综合收益的非交易性权益工具投资的期末账面价值。本项目应根据“其他权益工具投资”科目的期末余额填列。

（17）“固定资产”项目，反映资产负债表日企业固定资产的期末账面价值和企业尚未清理完毕的固定资产清理净损益。本项目应根据“固定资产”科目的期末余额，减去“累计折旧”和“固定资产减值准备”科目的期末余额后的金额，以及“固定资产清理”科目的期末余额填列。固定资产清理：借方+，贷方-。

（18）“在建工程”项目，反映资产负债表日企业尚未达到预定可使用状态的在建工程的期末账面价值和企业为在建工程准备的各种物资的期末账面价值。本项目应根据“在建工程”

科目的期末余额，减去“在建工程减值准备”科目的期末余额后的金额，以及“工程物资”科目的期末余额，减去“工程物资减值准备”科目的期末余额后的金额填列。

(19)“使用权资产”项目，反映资产负债表日承租人企业持有的使用权资产的期末账面价值。本项目应根据“使用权资产”科目的期末余额，减去“使用权资产累计折旧”和“使用权资产减值准备”科目的期末余额后的金额填列。

(20)“无形资产”项目，反映企业持有的专利权、非专利技术、商标权、著作权、土地使用权等无形资产的成本减去累计摊销和减值准备后的净值。本项目应根据“无形资产”科目的期末余额，减去“累计摊销”和“无形资产减值准备”科目期末余额后的净额填列。

(21)“开发支出”项目，反映企业开发无形资产过程中能够资本化形成无形资产成本的支出部分。本项目应当根据“研发支出”科目中所属的“资本化支出”明细科目期末余额填列。

(22)“长期待摊费用”项目，反映企业已经发生但应由本期和以后各期负担的分摊期限在一年以上的各项费用。本项目应根据“长期待摊费用”科目的期末余额分析填列。长期待摊费用的摊销年限只剩一年或不足一年的，或预计在一年内（含一年）进行摊销的部分，不得归类为流动资产，仍在该项目中填列，不转入“一年内到期的非流动资产”项目。

(23)“递延所得税资产”项目，反映企业根据所得税准则确认的可抵扣暂时性差异产生的所得税资产。本项目应根据“递延所得税资产”科目的期末余额填列。

(24)“其他非流动资产”项目，反映企业除上述非流动资产以外的其他非流动资产。本项目应根据有关科目的期末余额填列。

2. 负债项目的填列说明

(1)“短期借款”项目，反映企业向银行或其他金融机构等借入的期限在一年以下（含一年）的各种借款。本项日应根据“短期借款”科目的期末余额填列。

(2)“交易性金融负债”项目，反映企业资产负债表日承担的交易性金融负债，以及企业持有的指定为以公允价值计量且其变动记入当期损益的金融负债的期末账面价值。本项目应根据“交易性金融负债”科目的相关明细科目期末余额填列。

(3)“应付票据”项目，反映资产负债表日以摊余成本计量的，企业因购买材料、商品和接受服务等开出、承兑的商业汇票，包括银行承兑汇票和商业承兑汇票。本项目应根据“应付票据”科目的期末余额填列。

(4)“应付账款”项目，反映资产负债表日以摊余成本计量的，企业因购买材料、商品和接受服务等经营活动应支付的款项。本项目应根据“应付账款”和“预付账款”科目所属的相关明细科目的期末贷方余额合计数填列。

(5)“预收款项”项目，应根据“预收账款”和“应收账款”科目所属各明细科目的期末贷方余额合计数填列。如“预收账款”科目所属明细科目期末为借方余额的，应在资产负债表

“应收账款”项目内填列。

(6)“合同负债”项目，反映企业按照《企业会计准则第14号——收入》(2018)的相关规定，根据本企业履行履约义务与客户付款之间的关系在资产负债表中列示的合同负债。本项目应根据“合同负债”的相关明细科目期末余额分析填列。

(7) “应付职工薪酬”项目，反映企业为获得职工提供的服务或解除劳动关系而给予的各种形式的报酬或补偿。本项目应根据“应付职工薪酬”科目所属各明细科目的期末贷方余额分析填列。外商投资企业按规定从净利润中提取的职工奖励及福利基金，也在本项目列示。

(8) “应交税费”项目，反映企业按照税法规定计算应缴纳的各种税费，包括增值税、消费税、资源税、土地增值税、城市维护建设税、房产税、城镇土地使用税、车船税、教育费附加、企业所得税等。企业代扣代缴的个人所得税，也通过本项目列示。企业所缴纳的税金不需要预计应缴数的，如印花税等，不在本项目列示。本项目应根据“应交税费”科目的期末贷方余额填列，如“应交税费”科目期末为借方余额，应以“－”号填列。

(9) “其他应付款”项目，应根据“应付股利”“应付利息”“其他应付款”科目的期末余额合计数填列。其中的“应付利息”仅反映相关金融工具已到期应支付但于资产负债表日尚未支付的利息。基于实际利率法计提的金融工具的利息应包含在相应金融工具的账面余额中。

(10) “持有待售负债”项目，反映资产负债表日处置组中与划分为持有待售类别的资产直接相关的负债的期末账面价值。本项目应根据“持有待售负债”科目的期末余额填列。

(11) “一年内到期的非流动负债”项目，反映企业非流动负债中将于资产负债表日后一年内到期部分的金额，如将于一年内偿还的长期借款。本项目应根据有关科目的期末余额分析填列。

(12) “长期借款”项目，反映企业向银行或其他金融机构借入的期限在一年以上（不含一年）的各项借款。本项目应根据“长期借款”科目的期末余额，扣除“长期借款”科目所属的明细科目中将在资产负债表日起一年内到期且企业不能自主地将清偿义务展期的长期借款后的金额计算填列。

(13) “应付债券”项目，反映企业为筹集长期资金而发行的债券本金和应付的利息。本项目应根据“应付债券”总账科目余额扣除“应付债券”科目所属的明细科目中将在一年内到期且企业不能自主地将清偿义务展期的应付债券后的金额计算填列。

(14) “租赁负债”项目，反映资产负债表日承租人企业尚未支付的租赁付款额的期末账面价值。本项目应根据“租赁负债”科目的期末余额填列。自资产负债表日起一年内到期应予以清偿的租赁负债的期末账面价值，在“一年内到期的非流动负债”项目反映。

(15) “长期应付款”项目，反映资产负债表日企业除长期借款和应付债券以外的其他各种长期应付款项的期末账面价值。本项目应根据“长期应付款”科目的期末余额，减去相关的

“未确认融资费用”科目的期末余额后的金额，以及“专项应付款”科目的期末余额填列。

（16）“预计负债”项目，反映企业根据或有事项等相关准则确认的各项预计负债，包括对外提供担保、未决诉讼、产品质量保证、重组义务以及固定资产和矿区权益弃置义务等产生的预计负债。本项目应根据“预计负债”科目的期末余额填列。企业按照《企业会计准则第22号——金融工具确认和计量》（2018）的相关规定，对贷款承诺等项目计提的损失准备，应当在本项目中填列。

（17）“递延收益”项目，反映尚待确认的收入或收益。本项目核算包括企业根据政府补助准则确认的应在以后期间记入当期损益的政府补助金额、售后租回形成融资租赁的售价与资产账面价值差额等其他递延性收入。本项目应根据“递延收益”科目的期末余额填列。本项目中摊销期限只剩一年或不足一年的，或预计在一年内（含一年）进行摊销的部分，不得归类为流动负债，仍在本项目中填列，不转入“一年内到期的非流动负债”项目。

（18）“递延所得税负债”项目，反映企业根据所得税准则确认的应纳税暂时性差异产生的所得税负债。本项目应根据“递延所得税负债”科目的期末余额填列。

（19）“其他非流动负债”项目，反映企业除上述非流动负债以外的其他非流动负债。本项目应根据有关科目的期末余额，减去将于一年内（含一年）到期偿还数后的余额分析填列。非流动负债各项目中将于一年内（含一年）到期的非流动负债，应在“一年内到期的非流动负债”项目内反映。

3. 所有者权益项目的填列说明

（1）“实收资本（或股本）”项目，反映资产负债表日企业各投资者实际投入的资本（或股本）总额。本项目应根据“实收资本（或股本）”科目的期末余额填列。

（2）“其他权益工具”项目，反映资产负债表日企业发行在外的除普通股以外分类为权益工具的金融工具的期末账面价值，并下设“优先股”和“永续债”两个项目，分别反映企业发行的分类为权益工具的优先股和永续债的账面价值。

（3）“资本公积”项目，反映企业收到的投资者出资超出其在注册资本或股本中所占的份额以及直接记入所有者权益的利得和损失等。本项目应根据“资本公积”科目的期末余额填列。

（4）“其他综合收益”项目，应根据“其他综合收益”科目的期末余额填列。

（5）“专项储备”项目，反映高危行业企业按国家规定提取的安全生产费的期末账面价值。本项目应根据“专项储备”科目的期末余额填列。

（6）“盈余公积”项目，应根据“盈余公积”科目的期末余额填列。

（7）“未分配利润”项目，应根据“本年利润”科目和“利润分配”科目的余额计算填列。未弥补的亏损在本项目内以“－”号填列。

第三节 利润表

一、利润表的概念与作用

（一）利润表的概念

利润表又称损益表，是反映企业在某一会计期间经营成果的会计报表。利润表是依据“收入－费用＝利润”这一等式为理论依据来编制的。利润表可以提供企业在某一会计期间的收入、费用和利润形成的动态情况。

（二）利润表的作用

利润表作为一张非常重要的财务报表，其作用主要体现在以下几点。

（1）利润表能反映企业在某一会计期间的收入实现情况。

（2）利润表能反映企业在某一会计期间的费用和支出情况。

（3）利润表能反映企业在某一会计期间的经营成果实现情况，帮助会计信息的使用者分析企业的获利能力。

二、利润表的列示要求

（1）企业在利润表中应当对费用按照功能分类，分为从事经营业务发生的成本、管理费用、销售费用和财务费用等。

（2）利润表至少应当单独列示反映下列信息的项目，但其他会计准则另有规定的除外。

①营业收入。

②营业成本。

③营业税金及附加。

④管理费用。

⑤销售费用。

⑥财务费用。

⑦投资收益。

⑧公允价值变动损益。

⑨资产减值损失。

⑩非流动资产处置损益。

⑪所得税费用。

⑫净利润。

⑬其他综合收益各项目分别扣除所得税影响后的净额。

⑭综合收益总额，金融企业可以根据其特殊性列示利润表项目。

（3）其他综合收益项目应当根据其他相关会计准则的规定，分为以后会计期间不能重分类进损益的其他综合收益项目和以后会计期间在满足规定条件时将重分类进损益的其他综合收益项目两类列报。

（4）在合并利润表中，企业应当在净利润项目之下单独列示归属于母公司所有者的损益和归属于少数股东的损益，在综合收益总额项目之下单独列示归属于母公司所有者的综合收益总额和归属于少数股东的综合收益总额。

三、我国利润表的格式

常见的利润表格式有单步式和多步式两种。在我国，企业应当采用多步式利润表，将不同性质的收入和费用分别进行对比，以便得出一些中间性的利润数据，帮助使用者理解企业经营成果的不同来源。

利润表一般包括表头、表体两部分。表头部分包括报表名称、报表编号、编制单位、编制时间、金额单位等。表体部分包括利润形成的各个具体项目，利润表是把企业的收入、费用支出以及损失和利得加以归类列示，分步计算的。我国企业利润表的格式与内容一般如表 10-3-1 所示。

表10-3-1　我国企业利润表的格式与内容

利润表

编制单位：　　　　年　月　日　　　　单位：元

项目	本期金额	上期金额
一、营业收入		
减：营业成本		
税金及附加		
销售费用		
管理费用		
研发费用（金额来自管理费用账户）		

续表

项目	本期金额	上期金额
财务费用		
其中：利息费用		
利息收入		
资产减值损失		
信用减值损失		
加：投资收益（损失以“—”号填列）		
公允价值变动收益（损失“—”号）		
资产处置收益（损失“—”号）		
其他收益		
净敞口套期收益（损失“—”号）		
二、营业利润（亏损以“—”号填列）		
加：营业外收入		
减：营业外支出		
三、利润总额（亏损总额以“—”号填列）		
减：所得税费用		
四、净利润（净亏损以“—”号填列）		
五、其他综合收益的税后净额		
六、综合收益总额		
七、每股收益		

四、利润表的编制方法

利润表各项目均需填列“本期金额”和“上期金额”两栏。

（一）“本期金额”栏的填列方法

利润表“本期金额”栏内各项数字，除“营业利润”“利润总额”“净利润”“每股收益”项目外，其他项目应当按相关科目的发生额分析填列。

（1）“营业收入”项目＝主营业务收入＋其他业务收入。

（2）“营业成本”项目＝主营业务成本＋其他业务成本。

（3）“税金及附加”项目，反映企业经营业务应负担的消费税、城市维护建设税、资源税、土地增值税、教育费附加、房产税、车船税、城镇土地使用税、印花税等相关税费。本项目应根据“税金及附加”科目的发生额分析填列。

（4）“销售费用”项目，反映企业在销售商品过程中发生的包装费、广告费等费用和为销售本企业商品而专设的销售机构的职工薪酬、业务费等经营费用。本项目应根据“销售费用”科目的发生额分析填列。

（5）“管理费用”项目，反映企业为组织和管理生产经营发生的管理费用。本项目应根据“管理费用”科目的发生额分析填列。

（6）“研发费用”项目，反映企业进行研究与开发过程中发生的费用化支出。该项目应根据“管理费用”科目下的“研发费用”明细科目的发生额分析填列。

（7）“财务费用”项目，反映企业为筹集生产经营所需资金等而发生的筹资费用。本项目应根据“财务费用”科目的相关明细科目的发生额分析填列。

（8）“资产减值损失”项目，反映企业各项资产发生的减值损失。本项目应根据“资产减值损失”科目的发生额分析填列。

（9）“信用减值损失”项目，反映企业计提的各项金融工具减值准备所形成的预期信用损失。该项目应根据“信用减值损失”科目的发生额分析填列。

（10）“其他收益”项目，反映记入其他收益的政府补助等。本项目应根据“其他收益”科目的发生额分析填列。

（11）“投资收益”项目，反映企业以各种方式对外投资所取得的收益。本项目应根据“投资收益”科目的发生额分析填列。如为投资损失，本项目以“－”号填列。

（12）“公允价值变动收益”项目，反映企业应当记入当期损益的资产或负债公允价值变动收益。本项目应根据“公允价值变动损益”科目的发生额分析填列，如为净损失，本项目以“－”号填列。

（13）“资产处置收益”项目，反映企业出售划分为持有待售的非流动资产（金融工具、长期股权投资和投资性房地产除外）或处置组（子公司和业务除外）时确认的处置利得或损失，以及处置未划分为持有待售的固定资产、在建工程、生产性生物资产及无形资产而产生的处置利得或损失。债务重组中因处置非流动资产产生的利得或损失、非货币性资产交换中换出非流动资产产生的利得或损失也包括在本项目内。本项目应根据“资产处置损益”科目的发生额分析填列；如为处置损失，以“－”号填列。

（14）“营业利润”项目，反映企业实现的营业利润。如为亏损，本项目以“－”号填列。根据营业收入，减去营业成本、税金及附加、销售费用、管理费用、研发费用、财务费用，加上其他收益、投资收益（或减去投资损失）、净敞口套期收益（或减去净敞口套期损失）、公允价值变动收益（或减去公允价值变动损失）、资产减值损失、信用减值损失和资产处置收益（或减去资产处置损失），计算填列。

（15）“营业外收入”项目，反映企业发生的除营业利润以外的收益。本项目应根据“营业外收入”科目的发生额分析填列。

（16）“营业外支出”项目，反映企业发生的除营业利润以外的损失。本项目应根据“营业外支出”科目的发生额分析填列。

（17）“利润总额”项目，反映企业实现的利润。如为亏损，本项目以“－”号填列。根据营业利润，加上营业外收入，减去营业外支出，计算填列。

（18）“所得税费用”项目，反映企业应从当期利润总额中扣除的所得税费用。本项目应根据“所得税费用”科目的发生额分析填列。

（19）“净利润”项目，反映企业实现的净利润。如为亏损，本项目以“－”号填列。根据利润总额，减去所得税费用，即计算出净利润（或净亏损）。

【例题】乙公司202× 年度“财务费用”科目的发生额如下：银行长期借款利息支出合计400万元，银行短期借款利息支出90万元，银行存款利息收入合计8万元，银行手续费支出合计18万元，则计算乙公司202× 年度利润表中“财务费用”项目“本期金额”的列报金额。

财务费用项目＝400＋90－8＋18＝500（万元）

【例题】乙公司202× 年度各项资产的减值损失的发生额如下：存货减值损失合计85万元，坏账损失合计15万元，固定资产减值损失合计174万元，无形资产减值损失合计26万元，则计算乙公司202× 年度利润表中“资产减值损失”项目“本期金额”的列报金额。

资产减值损失＝85＋174＋26＝285（万元）

信用减值损失＝15（万元）

【例题】乙公司202× 年度“投资收益”科目的发生额如下：按权益法核算的长期股权投

资收益合计 290 万元，按成本法核算的长期股权投资收益合计 200 万元，处置长期股权投资发生的投资损失合计 500 万元。

乙公司 202× 年度利润表中“投资收益”项目“本期金额”的列报金额＝ 290 ＋ 200 － 500 ＝－ 10（万元），故“投资收益”项目应填写－ 10 万元。

（二）“上期金额”栏的填列方法

“上期金额”栏应根据上年该期利润表“本期金额”栏内所列数字填列。如果上年该期利润表规定的各个项目的名称和内容同本期不一致，应对上年该期利润表各项目的名称和数字按本期的规定进行调整，填入利润表“上期金额”栏内。

第四节　现金流量表

现金流量表在理论理解和实际填列时都具有一定的难度，把它写进本书是为了保证财务报表知识体系的完整性。对于这部分内容读者可以选择性学习。

一、现金流量表的概念与作用

（一）现金流量表的概念

现金流量表是指反映企业在一定会计期间现金和现金等价物流入及流出的报表。现金，是指企业库存现金以及可以随时用于支付的存款。不能随时用于支付的存款不属于现金，例如，企业存在银行不能随时支取的定期存款不属于此处的现金，而提前通知银行便可支取的定期存款，则应包括在此处的现金范围内。

现金等价物是指企业持有的期限短、流动性强、易于转换为已知金额现金、价值变动风险很小的投资。期限短，一般是指从购买日起三个月内到期。现金等价物通常包括三个月内到期的债券投资等。权益性投资变现的金额通常不确定，因而不属于现金等价物。企业应当根据具体情况，确定现金等价物的范围，一经确定不得随意变更。

（二）现金流量表的作用

一家常年盈利的企业为什么会突然宣布破产？一家常年亏损的企业为什么还可以周转得很好？究其本质是现金流量在作祟。当一家企业的现金流量出现问题，即便利润表上有再多的利润，企业也会面临破产的风险。当一家企业的现金流量足够充足，充足到可以完全承担常年的亏损，那么企业即便亏损也可以正常周转下去。所以，要想真正了解一家企业的经营情况，一定要把主要的精力放在现金流量表上。

现金流量表向我们展示了资产负债表中货币资金的变动情况。对于一个企业来说，钱一定是最重要的，钱是企业的命脉，关系到企业的生死存亡。因此，关心现金的流向，就可以监控企业运作的风险，是现金流量表的重大意义所在。

二、现金流量表的列报要求

（一）现金流量表列报的总体要求

根据企业业务活动的性质和现金流量的来源，现金流量可以分为三类，即经营活动产生的现金流量、投资活动产生的现金流量和筹资活动产生的现金流量。

现金流量表应当区分经营活动、投资活动和筹资活动列报现金流量。现金流量应当分别按照现金流入和现金流出总额列报。

（二）经营活动产生的现金流量

经营活动是指企业投资活动和筹资活动以外的所有交易和事项。各类企业由于行业特点不同，对经营活动的认定存在一定差异。对于工商企业而言，经营活动主要包括销售商品、提供劳务、购买商品、接受劳务、支付职工薪酬、支付税费等。对于商业银行而言，经营活动主要包括吸收存款、发放贷款、同业存放、同业拆借等。对于保险公司而言，经营活动主要包括原保险业务和再保险业务等。对于证券公司而言，经营活动主要包括自营证券、代理承销证券、代理兑付证券、代理买卖证券等。

（三）投资活动产生的现金流量

投资活动是指企业长期资产的购建和不包括在现金等价物范围内的投资及其处置活动。长期资产是指固定资产、无形资产、在建工程、其他资产等持有期限在一年或一个正常营业周期以上的资产。这里所讲的投资活动，既包括实物资产投资，也包括金融资产投资。这里之所以将“包括在现金等价物范围内的投资”排除在外，是因为已经将包括在现金等价物范围内的投资视同现金。不同企业由于行业特点不同对投资活动的认定也存在差异。例如，以公允价值计量且其变动记入当期损益的金融资产所产生的现金流量，对于工商业企业而言，属于投资活动现金流量；而对于证券公司而言，属于经营活动现金流量。

（四）筹资活动产生的现金流量

筹资活动是指导致企业资本及债务规模和构成发生变化的活动。这里所说的资本，既包括实收资本（股本），也包括资本溢价（股本溢价）；这里所说的债务，指对外举债，包括向银行借款、发行债券以及偿还债务等。通常情况下，应付账款、应付票据等商业应付款等属于经营活动，不属于筹资活动。

读者需要注意的是，对于企业日常活动之外特殊的、不经常发生的项目，如自然灾害损失、保险赔款、捐赠等，应当归并到相关类别中，并单独反映。比如，对于自然灾害损失和保险赔款，如果能够确指属于流动资产损失，应当列入经营活动产生的现金流量；属于固定资产损失，应当列入投资活动产生的现金流量。

（五）汇率变动对现金及现金等价物的影响

汇率变动对现金的影响，是指企业外币现金流量及境外子公司的现金流量折算成记账本位币时，所采用的是现金流量发生日的汇率或按照系统合理的方法确定的与现金流量发生日即期汇率近似的汇率，而现金流量表“现金及现金等价物净增加额”项目中外币现金净增加额是按资产负债表日的即期汇率折算的。这两者的差额即为汇率变动对现金的影响。

（六）主要项目填列说明

1. 经营活动产生的现金流量

（1）销售商品、提供劳务收到的现金。“销售商品、提供劳务收到的现金”项目，反映企业销售商品、提供劳务实际收到的现金（含销售收入和应向购买者收取的增值税销项税额）。主要包括本期销售商品和提供劳务本期收到的现金、前期销售商品和提供劳务本期收到的现金、本期预收的商品款和劳务款等。本期发生销货退回而支付的现金应从销售商品或提供劳务收入款项中扣除。企业销售材料和代购代销业务收到的现金，也应在本项目中反映。

（2）收到的税费返还。本项目反映企业收到返还的各种税费，如收到的增值税、所得税等返还款。

（3）收到其他与经营活动有关的现金。本项目反映企业除上述各项目外，收到的其他与经营活动有关的现金，如罚款收入，投资性房地产收到的租金收入，流动资产损失中由个人赔偿的现金收入，除税费返还外的其他政府补贴收入等。

（4）购买商品、接受劳务支付的现金。“购买商品、接受劳务支付的现金”项目，反映企业购买商品、接受劳务支付的现金（包括支付的增值税进项税额）。主要包括本期购买商品接受劳务本期支付的现金、本期支付前期购买商品、接受劳务的未付款项和本期预付款项。本期发生购货退回而收到的现金应从购买商品或接受劳务支付的款项中扣除。

（5）支付给职工以及为职工支付的现金。本项目反映支付给职工的工资、薪金等，不包括支付给离退休人员的工资和在建工程人员的工资。支付给离退休人员的工资在“支付其他与经营活动有关的现金”项目反映，支付给在建工程人员的工资在“购建固定资产、无形资产和其他长期资产支付的现金”项目反映。

（6）支付的各项税费。本项目反映实际支付的各类税费，不包括记入固定资产价值的实际支付的耕地占用税，也不包括本期退回的增值税、所得税。本期退回的增值税、所得税等，在“收到的税费返还”项目中反映。

（7）支付其他与经营活动有关的现金。本项目反映企业除上述各项目外，支付的其他与经营活动有关的现金，如罚款支出，支付的差旅费、业务招待费、保险费等。

【例题】甲公司 202× 年度发生的管理费用为 2 200 万元，其中：以现金支付退休职工统筹退休金 450 万元和管理人员工资 950 万元，存货盘亏损失 25 万元，计提固定资产折旧 420 万元，计提无形资产摊销 350 万元，以现金支付保险费 5 万元。甲公司 202× 年度应在“支付其他与经营活动有关的现金”项目中反映的金额为多少万元?

【解析】甲公司 202× 年度应在“支付其他与经营活动有关的现金”项目中反映的金额＝2 200 － 950 － 25 － 420 － 350 ＝ 455（万元）。

2. 投资活动产生的现金流量

投资活动是指企业长期资产的购建和不包括在现金等价物范围内的投资及其处置活动，包括取得和收回投资、购建和处置固定资产、购买和处置无形资产等。

（1）收回投资收到的现金。本项目反映企业出售、转让或到期收回除现金等价物以外的以公允价值计量且其变动记入当期损益的金融资产，以摊余成本计量的金融资产，以公允价值计量且其变动记入其他综合收益的金融资产，长期股权投资等收到的现金。不包括债权性投资收回的利息、收回的非现金资产，以及处置子公司及其他营业单位收到的现金净额。债权性投资收回的本金，在本项目反映；债权性投资收回的利息，在“取得投资收益收到的现金”项目中反映。

【例题】甲公司 202× 年度与处置股权投资有关资料如下:

（1）“交易性金融资产”科目本期贷方发生额为 100 万元，“投资收益——转让交易性金融资产收益”贷方发生额为 5 万元。

（2）“长期股权投资”科目本期贷方发生额为 200 万元，该项投资未计提减值准备，“投资收益——转让长期股权投资收益”贷方发生额为 6 万元。假定转让上述投资均收到现金。甲公司 202× 年“收回投资收到的现金”项目中反映的金额为多少万元?

【解析】“收回投资收到的现金”项目中反映的金额＝(100 ＋ 5) ＋ (200 ＋ 6) ＝ 311(万元)。

（2）取得投资收益收到的现金。本项目反映企业因股权性投资而分得的现金股利，因债权性投资而取得的利息收入。股票股利由于不产生现金流量，不在本项目中反映。包括在现金等价物范围的债权性投资，其利息收入在本项目反映。

(3) 处置固定资产、无形资产和其他长期资产而收回的现金净额。本项目反映企业出售固定资产、无形资产和其他长期资产(如投资性房地产)所取得的现金，减去为处置这些资产而支付的有关税费后的净额。如所收回的现金净额为负数，则在“支付其他与投资活动有关的现金”项目反映。

(4) 购建固定资产、无形资产和其他长期资产支付的现金。为购建固定资产、无形资产和其他长期资产支付的相关人员的薪酬应在本项目中反映。为购建固定资产、无形资产和其他长期资产而发生的借款利息资本化的部分不在本项目中反映，在“分配股利、利润或偿付利息支付的现金”项目中反映。

(5) 投资支付的现金。本项目反映企业进行权益性投资和债权性投资所支付的现金，包括企业取得的除现金等价物以外的以公允价值计量且其变动记入当期损益的金融资产、以摊余成本计量的金融资产、以公允价值计量且其变动记入其他综合收益的金融资产、长期股权投资以及支付的佣金、手续费等交易费用。

3. 筹资活动产生的现金流量

筹资活动是指导致企业资本及债务规模和构成发生变化的活动，包括发行股票或接受投入资本、分派现金股利、取得和偿还银行借款、发行和偿还公司债券等。

(1) 吸收投资收到的现金。本项目反映企业以发行股票等方式筹集资金实际收到的款项净额（发行收入减去发行费用后的净额）。发行股票支付的审计、咨询等费用，在“支付的其他与筹资活动有关的现金”项目反映。

(2) 取得借款收到的现金。本项目反映企业举借各种短期、长期借款而收到的现金，以及发行债券实际收到的款项净额（发行收入减去发行费用后的净额）。

(3) 收到其他与筹资活动有关的现金。本项目反映企业除上述各项目外，收到的其他与筹资活动有关的现金。

(4) 偿还债务支付的现金。本项目反映企业以现金偿还债务的本金，包括归还金融企业的借款本金、偿付企业到期的债券本金等。企业偿还的借款利息、债券利息，在“分配股利、利润或偿付利息支付的现金”项目反映。

(5) 分配股利、利润和偿付利息支付的现金。本项目反映企业实际支付的现金股利、支付给其他投资单位的利润或用现金支付的借款利息、债券利息。

(6) 支付其他与筹资活动有关的现金。本项目反映企业除上述项目外，支付的其他与筹资活动有关的现金，如以发行股票、债券等方式筹集资金而由企业直接支付的审计、咨询等费用，以分期付款方式购入固定资产、无形资产等各期支付的现金等。

三、我国企业现金流量表的一般格式

我国企业现金流量表的格式与内容一般如表 10-4-1 所示。

表10-4-1　我国企业现金流量表的格式与内容

现金流量表

编制单位：　　　　年　月　日　　　　单位：元

项目	本期金额	上期金额
一、经营活动产生的现金流量		
销售商品、提供劳务收到的现金		
收到的税费返还		
收到的其他与经营活动有关的现金		
现金流入小计		
购买商品、接受劳务支付的现金		
支付给职工以及为职工支付的现金		
支付的各项税费		
支付的其他与经营活动有关的现金		
现金流出小计		
经营活动产生的现金流量净额		
二、投资活动产生的现金流量		
收回投资所收到的现金		
取得投资收益所收到的现金		
处置固定资产、无形资产和其他长期资产所收回的现金净额		
处置子公司及其他营业单位收到的现金净额		
收到的其他与投资活动有关的现金		

续表

项目	本期金额	上期金额
现金流入小计		
购建固定资产、无形资产和其他长期资产所支付的现金		
投资所支付的现金		
取得子公司及其他营业单位支付的现金净额		
支付的其他与投资活动有关的现金		
现金流出小计		
投资活动产生的现金流量净额		
三、筹资活动产生的现金流量		
吸收投资所收到的现金		
取得借款收到的现金		
收到的其他与筹资活动有关的现金		
现金流入小计		
偿还债务所支付的现金		
分配股利、利润或偿付利息所支付的现金		
支付的其他与筹资活动有关的现金		
现金流出小计		
筹资活动产生的现金流量净额		
四、汇率变动对现金的影响		
五、现金及现金等价物净增加额		
加：期初现金及现金等价物余额		
六、期末现金及现金等价物余额		

四、现金流量表编制的基本方法

（一）直接法和间接法

编制现金流量表时，列报经营活动现金流量的方法有两种：一是直接法，二是间接法。

在直接法下，一般是以利润表中的营业收入为起算点，调节与经营活动有关的项目的增减变动，然后计算出经营活动产生的现金流量。在间接法下，将净利润调节为经营活动现金流量，实际上就是将按权责发生制原则确定的净利润调整为现金净流入，并剔除投资活动和筹资活动对现金流量的影响。我国《企业会计准则》规定企业应当采用直接法编报现金流量表，同时要求在附注中提供以净利润为基础调节到经营活动现金流量的信息。

（二）其他方法

企业可根据业务量的大小及复杂程度，选择采用工作底稿法、T 型账户法，或直接根据有关科目的记录分析填列现金流量表。